ヒット映画の裏に職人あり！

春日太一
Kasuga Taichi

小学館新書

はじめに

本書は、現在の日本映画を支えるスタッフたち、十二名のインタビュー集だ。近年のヒット作や話題作を成功させる上で、個々のスタッフたちがいかに重要な役割を果たしてきたかを、うかがっている。

筆者はこれまで、主に旧作の邦画を中心に研究・執筆を続けてきた。それだけに、読者の中には新作を対象にした今回の企画を、意外に思う方もいるかもしれない。なにせ、かく言う筆者自身も、当初は意外な気がしていたのだから——。

企画が動き出したのは、二〇二一年の秋だったと記憶している。「週刊ポスト」で長く続けさせてもらってきたベテラン俳優たちへのインタビュー連載が夏に終了し、それに代わる連載企画をポスト編集部の竹井怜さんと話し合うことになった。いくつか浮上した中で竹井さんが「新作の日本映画に関して、何かできないか」という提案をしてくる。

正直、困った。というのも、新作邦画に関してはあまり関心がなかったからだ。作品を観てはいるが、あくまで自身のスタンスは「映画《史》研究家」。過去を掘り起こすことに興味のベクトルは向いている。監督、俳優、脚本家、プロデューサー――、どれをとっても取材したいと思える対象は浮かばなかった。

ただ、話し合いを続けていく中であることに思い当たる。それは、近年のヒット作や話題作に触れる際、「この作品が成功しているのは、このパートを担当している人の貢献が大きいよな」と感じられるスタッフが、必ずいたということだ。

そのことに気づいたら、好奇心が止まらなくなっていた。個々の作品全体にはあまり興味が湧かなくとも、「このスタッフはどういった考えや技術で、この仕事を成し遂げたのだろう」と気になってたまらないスタッフたちが、次から次へと浮かんできたからだ。

筆者が今のように「研究家」を名乗って仕事をするキッカケは、時代劇が実際にどのように作られているかを知りたいという好奇心だった。そして、京都の撮影現場を目の当たりにして、時代劇作りに臨むスタッフたちの創意工夫の様に感激し、彼らの仕事を掘り下げ、多くの人に紹介したいという想いから、今の職業に繋がる。

今回の企画は、そうした筆者の研究家としての原点と大きく重なるところがある。そのため、竹井さんと話を進めていくうちに、どんどん気持ちが盛り上がっていった。

連載の初回はＶＦＸディレクターの白石哲也さんだった。うかがいたかったのは、映画『るろうに剣心　最終章　The Beginning』の終盤、雪の中を舞い散る血しぶきについて——だ。その美しさを「近年の時代劇にはなかった悲壮美」と感心していた。そのため、誰がいかにして、どのような技術と想いで作っていたのかを知りたかったのだ。それは、「時代劇のスタッフによる創意工夫の取材」という、筆者の従来の仕事そのものと言えた。

そして、この取材が大きかった。ＶＦＸ。つまり、パソコンを使ったＣＧによる仕事は、ともすれば無機的な、手先の計算だけでやっている作業と思われがちだ。が、実はそうではなかったのだ。詳しくは本編をお読みいただきたいのだが、その作業内容はことのほかアナログ。これまで京都で取材してきた時代劇のスタッフたちと変わらない、丹精をこめた手作業で工夫を重ねながら、一つ一つの画《え》を紡ぐ。それはまさに、筆者が愛してきた映画の「職人」の仕事そのものであった。

ツールが違うだけで、魂は変わらない――。白石さんの取材を通じてそこに気づいた。

この連載は面白くなる。そう確信した筆者は、立て続けに取材をしていく。毎回が新しい発見の連続で、我ながら充実した仕事ができたと思っている。

残念ながら連載は一年で終わり、多くの方々を候補として予定していたが十名のみの取材で止まってしまったことは、大きな心残りとなった。ただ幸いなことに、少なからぬ人たちから連載は好評をいただき、書籍化を求める声も多く聞こえた。「ポスト」側も書籍化には乗り気で、話はすんなり進んだ。

そして、連載が終わったことでお話をうかがえなかった人たちのインタビューも、新たに追加することになる。鉄道具の大澤克俊さんと人物デザインの柘植伊佐夫さんだ。このお二人の仕事は、今の日本映画の根幹を支えているといっても過言ではない。

本書を通じて、作品に臨むスタッフたちの熱い息吹を感じていただけたら、幸いです。

二〇二四年八月

ヒット映画の裏に職人あり！

目次

第1章
時代を切り開く女性たち

リアルな質感を手仕事で作る特殊メイクの第一人者

特殊メイクアップアーティスト

江川悦子

映画『おくりびと』、大河ドラマ『麒麟がくる』『青天を衝け』

自身のダミー人形との一枚

えがわ・えつこ／1954年生まれ、徳島県出身。出版社でファッション誌の編集をした後、夫の海外赴任に伴い退社。1980年、特殊メイクの学校Joe Blasco make-up Centerへ入学。『メタルストーム』『デューン／砂の惑星』『ゴーストバスターズ』などの映画にスタッフとして参加。帰国後、特殊メイク制作会社メイクアップディメンションズ設立。映画、ドラマ、CMの特殊メイクを多数担当。

映画『おくりびと』（滝田洋二郎監督、二〇〇八年）は葬儀の納棺師を描いた作品だ。それだけに、遺体と向き合うシーンが多くなる。この映画では、そうした遺体は実際の俳優ではなくダミー人形を用いて撮影が行われているのだが、これが本物の遺体と錯覚するほどのリアルさだった。

そのダミー人形を作成したのが、日本の特殊メイクの第一人者・江川悦子氏だ。

髪や眉毛も一本ずつ植える

――『おくりびと』に江川さんが参加されることになった経緯から、お聞かせください。

ご遺体役を役者さんに横たわって演じていただくと、難しいことがあります。着替えさせるのもそうですし、特に髭《ひげ》を剃るというシーンがあるんです。

その場合、役者さんだと顔を触られると、どんなに頑張ってもどうしても瞼《まぶた》とかが動くんですよ。ご遺体としてそれはおかしいから、人形を使おうということになったようです。それで「リアルに作ってくれる人」ということで、誰かが私の名前を挙げてくださったみたいでした。

監督は最初、半信半疑だったんだろうなと思います。いろいろ初歩的な質問を受けましたから。「ご本人に似せることはできます」というお話をして、過去に私の手がけた作品も見ていただいて、それで作るということになりました。作ってからも、「一回、ちゃんとリハーサルをやりたい」と、けっこう念入りに確認作業がありましたね。

——ああいった人形は、どのような手順で作られたのでしょうか。

まず、俳優さんの顔の型だけはとらせていただくんですよ。それ以外のボディは採寸したりしたものからこしらえていきます。

幸い、目を閉じた状態で型をとりますから、成形時にさほど大きくいじらなくてもよかったんです。あとはそこにリアルな皮膚感などをつけていけば大丈夫でした。

——リアルさを出す上で、特にどのような点を心がけられたのでしょうか。

たとえば毛髪や眉は、かつらではなくご本人と同じになるようにパンチングを使って毛を刺しています。植毛しないとリアリティが出ないんです。

だから、植えやすいように顔の素材は柔らかいシリコン製にしています。目を開ける場合は義眼もこしらえています。

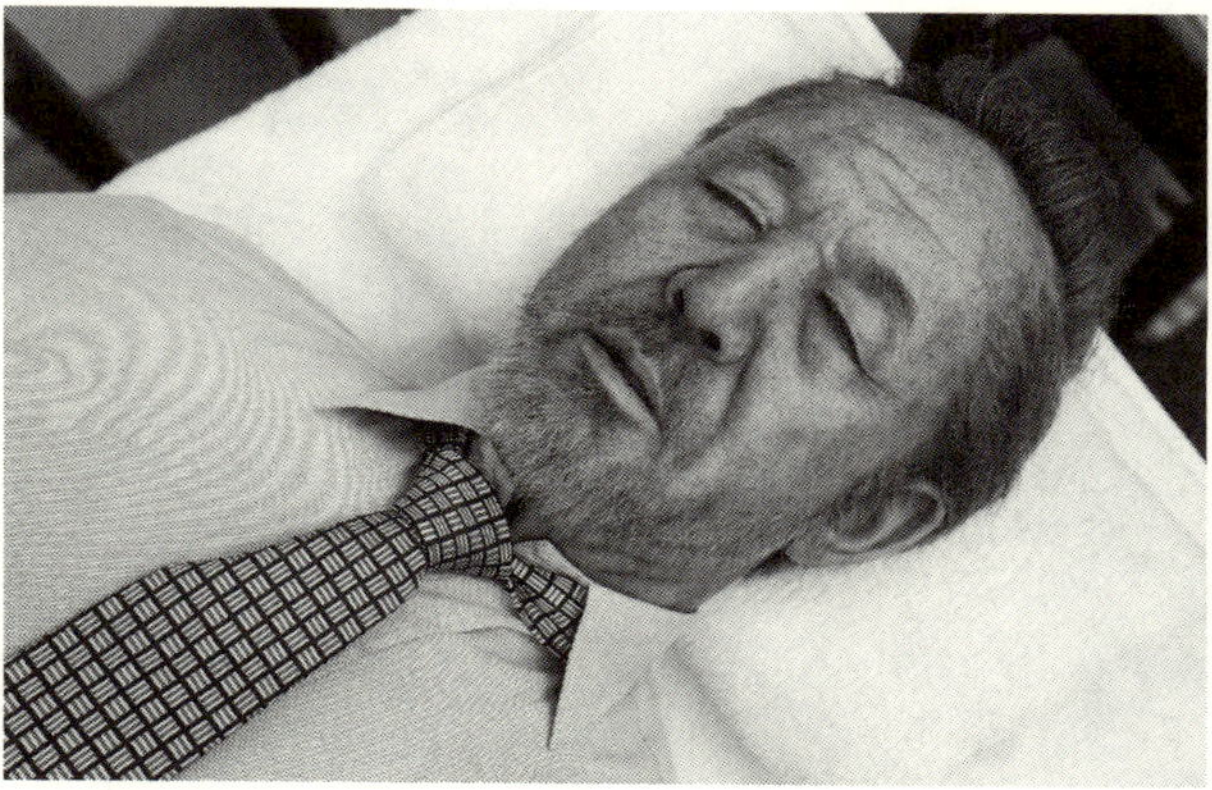

小林稔侍が演じた「ご遺体」ダミー。
肌は近くで見てもシミなどが緻密だ

――亡くなっている人の肌の質感はどのように出されたのでしょう。

そこは血の気が引いた感じの色だとか、色合いで表現します。それ以外は、お亡くなりになると体も「物体」という感じにはなりますから、むしろご遺体とダミー人形は近いものがあるのかなというような気はします。

――その点でもダミーの方が実際の俳優より雰囲気は……。

出しやすいですね。

――毛髪については、実際の人間の毛を使われたのですか？

人毛の場合もあります。ですが、たとえば眉とかですと、動物の毛で、ちょっと毛先が細いものとか。様々な素材を試しながら、どうやったら人間の状態に近くなるかと考えていつも選んでいます。

――そうした毛の素材はあらかじめストックしてあるのですか？

けっこう揃えていまして、人毛、動物の毛、人工毛とあります。特に動物の場合は、ちゃんとリアルな動物の毛を作る会社がアメリカにあって、ゴリラだ、トラだと指定すると、その毛に近いものを作ってくださるんです。そういう会社に頼んで、よく使うものはストックとして持つようにしています。犬とか、頻度が高いんです。ラブラドールだったり様々な犬が映画の中に登場して、終盤で亡くなっていきますよね。『クイール』（二〇〇四年）もそうでしたけど。

長い動物毛って日本では手に入らないんです。仕方なくボア生地といって、生地屋さんにあるフェイク・ファーを流用したこともありました。でもそれだと短くてリアリティが出ないことも。短毛種の犬はそれを使う場合もあります。

そうやって、作品によって必要な毛は様々なので、普段から持っていたりはするのですが、新たに注文が来て、持っていなかった場合は、それに沿う材料をまず探します。

動物からSFキャラクターまで手がけてきた

——注文が来た段階で、「これにはこういう毛が合うな」と発想されるのでしょうか？

そうです。「これは、あれの毛がいいんじゃないか」と、アイデアが出てきますね。過去の引き出しから出す、みたいな感じです。

——そうして選んだ毛は、一発で決まるのでしょうか？

いいと思ったけど、意外とよくなかったり……ということもたまにはあります。その時はまた違うものを探します。リアリティを追求してると「どうしてもそこは、これではちょっとダメ」となることが多いんですよ。それでも「まあ、いいか」という時も稀にありますが、それは本当に時間がない時ですね。「ペイントで色を少し加えたら何とかなるね」などと対応します。

それでも、毛にペイントを吹きつけると、毛の柔らかさが消えちゃうんです。といって、染色剤を変えてやっても色がつきすぎるとか。本当に微妙な色を出したい時は、いろいろ工夫しています。

歯ブラシみたいなものでそっとなでるだとか、エアブラシでふわっと吹くだとか、そのときどきで使い分けています。

肌の奥の血管まで表現する

——リアルな肌の質感を出す際には、どのような工夫をしていますか？

生きた状態の人間でしたら、肌の奥に細かい血管があるんですよ。肌色の中にも静脈の色だったり、血管の色が細かくチラチラと透けていたり。

ですのでそういう色のペイントを加えたりします。どんなに「きれいな肌」といっても、一色ということはまずないので、ペイントを重ねることでリアリティを作ります。

素材は限られているので、作る時の色の調合で工夫します。内部着色もできるので、色白の人だったり、ちょっと色が褐色だったりと、微妙な色を作ります。
色黒の男性なら、土台に黒っぽい色を作って流して、それの上にペイントします。色白の女性なら、そういう色に調合して流して作ったものにさらにペイントする……みたいな。

——遺体の場合の色合いは、どう工夫されますか?

ご遺体の場合は、マイナスしていくしかないんですよね。血色がなくなったら、このぐらいの色になるよね、とか。実際のご遺体の写真を参考にさせてもらう時もありますし、医学書などの参考資料も見ます。

——カメラであったり照明によって見え方は変わってくると思いますが、そこはどう計算に入れていますか?

それはなかなか難しいんです。計算していたつもりでも、現場に入ったら想定外のアングルやライティングだったりすることが往々にしてあるんです。
そこは照明さんにご相談することがありますし、カメラアングルによってもだいぶ違って撮れるので、そこは皆さんの協力を得ています。
所詮は作りものだけれども、どうやったらリアルに見せられるかを追求するために皆さんを巻き込みながら進めています。

――昔の日本映画やドラマのダミー人形って、見るからに「嘘」だなというのが多かった気がします。そうしたダミーと江川さんが作っているリアルなダミーの大きな違いはどこにあるのでしょうか。

おそらく素材だと思います。

リアルを追求すると、まつ毛も一本ずつちゃんと植毛しますが、それだけでなく、そのカールの仕方も近いものを探しますし、細かいことに気を遣わないとなかなかリアリティって出ないんです。

そこは極力頑張っています。

――ご自身で完成映像をご覧になるとどう感じられますか？

もうちょっとリアルに作れたらよかったなっていう時もあれば、すごくよく撮れていて、こちらの作った実物以上によく映ってることもあるんです。

本木雅弘演じる斎藤道三の「青剃り」

――近年ではＮＨＫ大河ドラマのメイクも担当されていますね。二〇二〇年の『麒麟がくる』では、斎藤道三（本木雅弘）のリアルな坊主頭が印象的でした。

道三は、まず歴史上の絵もいろいろ見ています。その上で、本木さんには何がいいかをある程度考え、「こんな感じでいきましょうね」みたいなお話をして、テストを一回やって、それで決まりました。

――特に工夫されたのは、どのような点でしょうか？

道三は、「青剃り」の色のつけ方で工夫しました。

かつらの下地にラテックス製の羽二重で頭を覆った後、細かく彩色して頭皮をリアルに表現しますが、その場合、若い人だとしっかり青く入れるんです。そしてだんだん歳を重ねて毛が抜けた人というのは頭皮もほぼ肌色ですよね。そういうふうに色を変えます。年齢が上がるほど、より肌色っぽい感じで青剃りは少なくするとか、青剃りの色のつけ具合で表現しています。

――すごい！　そこまで考えられているんですね。

そうしないと違和感が出るんです。みんな同じように青い色をつけてしまうと、年齢がいってる場合は全く合わないんです。そういう色のつけ方が、結局はリアリティっていうことになりますから。

——同じ坊主頭でも、人物の年齢や状況で毛根のあり方を変えているわけですね。

若いのに毛根がないと弱々しかったりして、違和感があったりしますから。でも、弱々しい病気っぽい役で坊主だったりする場合は薄くてもいいかなとか。その役と連動するものもありますね。

——羽二重は俳優さんの頭の形に合わせて作られるのですか？

すっぽり覆って首ぐらいまで貼るので、後頭部は多少こちらで作ります。盆の窪あたりの凹み、でっぱりの部分は少し作ってあるんですよ。あまりに丸っぽい、ツルンツルンの頭だと、それはまた嘘っぽくなってしまうので。

そういう部分もできるだけリアルにさりげなく表現しています。といって、あんまりぼこぼこするとおかしいので、そこはやりすぎない程度にやっています。

その一方で、すごくゴツゴツした感じのキャラクターがいた時は、わざとそこをシャドーとハイライトで目立たせてみたりとか。

見事に自然な坊主頭（大河ドラマ「麒麟がくる」　写真提供：NHK）

――役者本人の頭の形を活かすだけでなく、新たに造形される側面もあるんですね。

できるだけ本人のままの方がこちらも作りやすいのですが、いろいろな頭の形の人がいらっしゃいますので。そこは役柄に合わせて修正しています。髪の毛があれば、ヘアスタイリングでいろいろできますが、坊主はツルンとしていますから、いかにして格好良く見せられるかが大事になってきます。

――坊主頭も、そのキャラクターに合わせて変えてるんですね。

そのキャラクター作りに関わることですから。たとえば武田信玄さんは髭があって、ごっつい感じの人っていうイメージですから、気持ちちょっと頭のてっぺんを軽く尖らせた感じがいいっていうふうに作ります。でも、演出サイドで「別にそこはノーマルでいいよ」っていうことであれば、普通に丸く作って、他のところでいろいろなメイクを施します。

――実写作品の場合、撮影前の「衣装合わせ」で個々の人物の見た目が決定づけられますよね。そうなりますと、江川さんもそこに参加されるのでしょうか。

そうですね。時間がある場合は、衣装合わせに間に合うように事前に型をとらせてもらい、仮のものを用意して被せています。それで衣装と一緒に全体像を見て、「こういう方向です」という確認をする流れになります。

――時間がない場合、というのもあるのでしょうか。

忙しい役者さんもいらっしゃいますから。場合によっては、たとえば坊主頭だけの単独のテストをさせていただくことがあります。その時間も全然ない時もあります。過去に別の作品で坊主をしていた方が出てくる時などは、大体の感じがわかっているので、ぶっつけ本番みたいな。

『青天を衝け』の老けメイク

――翌二〇二一年の『青天を衝け』では、終盤で主演の吉沢亮さんをはじめ、主要キャストたちに思い切った「老けメイク」を施しています。

これはもう、チーフプロデューサーとチーフディレクターの考え方次第だと思います。表現を控え目にするかしないかという問題が出てくるんですよ。

本来なら「八十、九十歳までいったら、もっとシワシワにしていいいんじゃない?」という気持ちが私としてはあるんですけど、それを制作者が望んでいない場合もありますから。

そういう時は、九十歳だったら七十歳くらいで作るとか、ちょっとずつ控え目に作る傾向はあります。

ただ、『青天を衝け』のラストでは吉沢亮さん、草彅剛さん、大島優子さんをしっかり老けさせました。それは、そういうふうにやろうという方向性を出していただいたから。こちらとしては「やってくれ」と言われたら、喜んでやりますという感じでした。

――近年の大河であそこまでやることは珍しいですからね。以前に比べ、老けメイクが遠

慮がちになっている印象があります。

あまり老けさせない時は、目まわりだけちょっと皺《しわ》っぽくしてもらったら、あとは少しシミをつけて、とか。残念ではあるのですが、そういう手加減をしなくちゃいけないことが多々あります。

――『青天』のように思い切って老けさせる時は特にどういう部分を意識しますか？

全体ですね。目の下のたるみから、頬のたるみとか、全て表現します。喉も筋が出てきてペリカンみたいになるとか、そんな表現をしっかりとしました。顔だけでなく手にもしっかりメイクしています。血管が太くなってきたりとか、細かいシミが出てくるなど。

――頭髪はどうされましたか？

自前の毛をただ白くするケースと、毛量の少ないかつらを用意して、地肌をいったん羽二重で坊主頭みたいにした上に毛量の少ないかつらを載せることもあります。そうすることで、ちょっと地肌が透けそうな感じが出るんです。

――若い役者さんだと毛量が多いので、少なく見せる工夫が必要になってくるわけですね。

そういうふうにリアルに表現させてもらえる時はやりますし、そこまではげさせなくていいとなると控えます。

——近年は大河をはじめ時代劇は地毛を使った髷《まげ》も多いので、俳優自身の地毛の質感がどうしても出てしまいますからね。

「七分かつら」ですね。高画質になって、かつらの網が目立ってしまうので生え際だけは役者さんの地毛のまま使います。それだと網の心配がないので、かつら屋さん自身がそちらに流れているケースが多いですよね。そういう場合だと、ご自前の前髪に白を入れて、ちょっと白髪っぽくするとか。

——そうなると、やはり地毛の毛量に対してどう表現するかが重要になりますね。

生え際のラインって、年齢によって上がってくるじゃないですか。それを表現してもいいという役者さんであればそうしますすし、そこまでしなくていいとなれば、しません、ということの違いですね。

——現物と見間違えるようなリアルなメイクをなさる一方で、実写版の映画『ゲゲゲの鬼太郎』（二〇〇七年）など、現実にはないファンタジーな存在も手掛けています。その際の向き合い方の違いはありますか？

そういう作品はデザインから入るケースが多いので、デザインの時点で「まあ、面白いだろう」と思える色で描いて進めているんですよね。なので、作るものもそれに基づいてやっていく感じです。

ただ、たとえば宇宙人でしたら「いないだろう」と思って作っているので、自分の中では「遊び」という感覚なんですよね。なので、そこは楽しくやっています。

逆に人間の場合は、できることの限られた対象物なので、どこまで本物に近づけられるか、という。

――そうしたモンスター的な造形物の場合、役者さんの動きやすさはどう意識されますか？

やはり、動きって大事なんですよね。最終的には、役者さんが面白く動いてくれなければ、どんなに表面がリアルなものを作っても、台無しになるんですよね。

ですから、役者さんたちが百パーセントいい演技ができるように、動きのある役なら動きやすいものを作るように心がけています。疲れて休みたい時には、パッと取れるとか、そういうことも含めて。

これはスタッフにも普段から言っていることなんですが、全ては役者さんありきなんです。痛いとか、かゆいとか、そういうことを感じさせないように、いかにスピーディーにリアルなものを作るか。それを追求しています。

――特殊メイクの場合、皮膚呼吸も含め、演じる俳優さんも大変ですよね。

それはたえず心がけています。私が長年かけて試みているのは、メイク時間をいかに短くするかなんですよね。

「誰それが五時間、六時間かけてメイクした」みたいなことを謳い文句にしていた時代もありましたが、自分がもし役者だったらそんなにメイクに時間をかけてから演技するのは、どう考えても絶対に嫌だと思うんです。私たちも、五時間も六時間も集中していいメイクなんかできっこないと思っちゃいますし。

坊主頭も、業界的には二時間かけるのが普通らしいのですが、私は一時間であげます。一時間でやるために何をしなきゃいけないかを日々いろいろ工夫して、それで編み出した方法があって。それに基づいてやると、一時間で問題なくあげられます。とにかく集中。一時間なら一時間、集中して最高にいいものを出したいというのが、私の信念なんです。

リック・ベイカーに師事するまで

――日本には役者がどれだけ負担するかが美徳みたいなところがありましたが、役者をまず大事にしようという発想は、江川さんのキャリアの原点でもあるアメリカ的なところを感じます。

アメリカは訴訟社会ですからね。痛いとか、肌を傷《いた》めてしまったとか、一つ一つが訴訟対象になり得ます。ですから、スキンケアにも気を付けますし、そうした役者さんありきの考えはアメリカで自然と感じてきましたし、そこは日本においても変わりません。

――江川さんは『狼男アメリカン』（一九八一年）、『PLANET OF THE APES／猿の惑星』（二〇〇一年）などを手掛けた、アメリカの特殊メイクの第一人者であるリック・ベイカーの指導を受けています。どのような経緯で門下生となられたのでしょう。

夫の転勤でアメリカに行くことになったんですよね。当時の私は雑誌の編集の仕事をしていて、会社からは「無理に一緒に行かなくていいんじゃないの」とも言われたのですが、アメリカに住むってなかなかできることではないので面白いと思って。

それで、アメリカに行って何か面白いことを探そうということで、特殊メイクに行き着いたんです。ちょうど、アカデミー賞にメイクアップ部門が新設されて、『狼男』が第一回の受賞をした時代でした。

それをやった人がロサンゼルスにいて、スタジオがある。自分もロサンゼルスにいる。もうこれはやるしかないな、と勝手に思い込んで、この世界に入りました。

――その段階では、そうした技術は全くのゼロだったのでしょうか？

そうです。ゼロだったので学校を見つけて。見学に行ったら、「技術は手で覚えればいいから、言葉は関係ない」とか上手いことを言われ、そこに入ったんですよね。でも、実際は期待したほどではなかった。しかも授業料は高い。それで、この授業料分は取り返そうと仕事を探しているうちに、本業みたいになっちゃいました。

――今に至るリアル志向というのは、どこで身についたのでしょうか。

リック・ベイカーのところではなく、その前にも違う工房に二、三か所ほど行っています。そこでも、皆さん既にリアルに作るという発想でしたね。スプラッター映画が流行っていた時代でしたから、B級ホラーをいっぱいやるスタジオでは内臓をどれだけリアルに作るかを追求していましたし。それで素材を探して、「こっちよりこっちがリアルだね」みたいな光景を普段から見てきたんですよね。

――ゾンビ映画でトム・サヴィーニの特殊効果が注目されたり、一九八〇年代はスプラッター映画が全盛期でしたからね。

そうです。どんどん技術が上がっていった時期ですから、その刺激を受けていました。

――そこから日本に戻られて、映画界のシステムは大きく違いますので戸惑われることはありましたか。

戸惑いだらけでしたよ。まず、材料があまりない。まあ、ないのはわかっていたので、輸入といいますかアメリカから持ち帰ってきてたんです。でも、日本の材料に置き換えていかないと、全て海外材料ではお金がかかりますからね。そこを探したりしながら、開拓をしてきました。でも、今も半分以上はまだ輸入です。シリコン一つでも、リアルに作れるものはないんですよ。

――当時は、撮影現場もまだ女性スタッフは少なかったですよね。

そうですね、本当に少なかった。当然、特殊メイクにはほとんどいませんでしたし。特殊メイクはアメリカでも女性はほとんどいませんでした。なので、そういうものだとは思っていました。

それでも、やっている間に、特に女性が活躍していれば増えてくるだろうと思っていたので、自分が頑張ろうという想いはありましたね。

——今は現場も女性スタッフが多くなりました。

カメラや照明とか、重い器具を担ぐ女性もいっぱいいて、カッコいいんですよね。「君たち、がんばってね」と思っています。

デジタルメイク部の挑戦

——近年は画質も上がってきました。それに応じて映り具合も変わってくるので、素材も変えていくこともあるのでしょうか。

そうなんです。４Ｋでやるとなると、ペイントを細かくしたり、貼ったところと地肌の差をいかにバレないようにするか、いろいろ日々積み重ねて工夫をしています。そういう努力がわかる人にはわかってもらえるようになったのは嬉しいですね。

何年か前に坊主頭の役を演じた役者さんが、次に私の担当した作品に出た時がありまして。そこではその人は坊主ではなかったのですが、他の人の坊主メイクを見て、「僕の時よりクオリティが上がっているね。すごい」と言ってくださって。そういう時に、努力の甲斐があったなと思います。

――かつてのメイクの方々は、時代劇の撮影の主流がフィルムからビデオに変わってとても苦労されていました。今までのやり方でかつらの境が目立ってしまったり、ドーランが浮いて見えてしまったり。そうしたご苦労は、江川さんもあるのでしょうか。

自然を撮る時に画質をよくするのはいいのですが、ドラマにはそれを採用しないでほしいと思っています。よくなればなるほど、毛穴や小じわが目立って、女優さんも嬉しくないと思うんです。ドラマはフィクションの世界ですから、そこは守ってほしいんですよね。

でも、残念ながらドラマも４Ｋ、８Ｋという時代になっているので、いかにそれを隠すかという限界に挑戦しているところです。

いかにきれいに映るか、あらゆることを試しています。それでもダメな場合はデジタルでどうにかするという時代なんですよね。それは残念なことではあります。実際にメイクしたものをきれいに撮ってもらうのがベストなのですが、どうしても必要以上に映ってしまうことはありますから。

――そうしたデジタル技術とは、どう向き合われていますか？

デジタルによって、さまざまな処理がしやすくなったことは事実です。ですから、こちらでもデジタルメイク部というのを作りました。自分たちのやったものの最終仕上げも自分のところでやろうということで。

メイクをわからない方がデジタルで修正すると、いかにも「直しましたね」という画になってしまうんです。この直し方は違うと、自分で見ればわかるんです。

たとえば、笑った時に変な凹みができることがあります。それを現場でまたきれいに直しても、それを編集上で使うかどうかはわからないわけですよね。そうなると、一生懸命に直しても時間のロスでしかありません。それなら、編集が終わった上で「どうしてもここは変だから直したい」というところがあれば、私たちに任せてくれればメイクっぽく自然に直せるということで始めました。

――ネットフリックスの『アイリッシュマン』（二〇一九年）ではアル・パチーノやロバ

ート・デ・ニーロの若い時代をCGでメイクして話題になりました。今後の特殊メイクは、デジタル技術との共存は欠かせなくなってきますね。

自分たちは両方やっているからいいのですが、取り合いっこになっているイメージも無きにしも非ずなんですよね。ただ、時代がデジタル化志向なので、それは日常なんですけどね。でも、全てがデジタルに依ってしまっては、上手くいかないと思っています。

――アナログだから表現できることもありますからね。

そうなんです。そのほうが役者さんも表情が出しやすいですし。それで何か不具合があったら、デジタルでちょっと足してもらうことはあっても、ゼロから作るのはまだちょっと無理かなと思っています。

二〇二二年七月一五日、都内にて

音楽の力で作品を演出し、観客の気持ちに寄り添う

映画『劇場版「鬼滅の刃」無限列車編』

主題歌「炎」作詞作曲・楽曲プロデュース

梶浦由記

かじうら・ゆき／作詞・作曲・編曲を手掛けるマルチ音楽コンポーザー。1993年「See-Saw」のコンポーザー兼キーボーディストとしてデビュー。現在はアニメを中心とした劇伴音楽を手掛け、『ソードアート・オンライン』、『魔法少女まどか☆マギカ』、『鬼滅の刃』等、数々の話題作を担当。

『劇場版「鬼滅の刃」無限列車編』は二〇二〇年十月に公開されるや大ヒット、日本映画の歴代最高興行収入を記録した。エンディングに流れる、ＬｉＳＡの歌う主題歌「炎」も話題を呼び、日本レコード大賞の「大賞」を受賞している。「炎」の作詞作曲と楽曲プロデュースを担った梶浦由記氏に創作の裏側をうかがった。

原作から感じた「今風のテンポ感」

――『鬼滅の刃』は劇場版の前のテレビシリーズからご参加なさっていますね。

『鬼滅の刃』をテレビシリーズでアニメ化するときに、イメージ曲みたいなのをちょっと書かせていただいたのが発端だったかと思います。はじめに五曲ぐらい書かせていただいて。そうやって劇伴《げきばん》（場面に合わせて流れる曲）のほうから入ったんですけど、で、「エンディングも書きませんか」ということになって、書かせていただきましたね。

――原作はそのオファーが来た段階で読まれたのでしょうか。

そうですね。はじめにお話をいただいたときは原作を知らなかったんです。それから原作を読ませていただいて、当時、何巻、七巻ぐらいまで出ていたのかな。一気に読ませて

自身の仕事場には作曲機材や楽器、スピーカーが並ぶ

いただいて、すごい、まあ、面白かった。独特な話でしたし、世界観もすごく強くて。そこからイメージを膨らませて劇伴を書いて、主題歌、エンディングのほうにいきましたね。

――原作を読まれて、どのような印象を持たれましたか？

非常に独特な世界観なのと、テンポ感がとても個性的ですよね。今風のテンポ感っていうか。感情の移り変わりがすごく速くて、きっと私たちの世代があの話を書いたら、一つの悲しみから次に向かうのに十話ぐらい使ったと思うんですよ。でも、あの作品はそこがすごく速いんです。

もちろん、すごい大きな悲しみはあるし、すごくすさまじい事件が続けて起こるんですけど、いい意味で切り換えていくところがすごく今の若者らしいというか、今のテンポ感だなってすごく思ったんですよ。いつまでも泣いていなくて。それから、三人の仲間もすごく面白い距離感だと思ったんです。案外仲間じゃないんですよね、あの話って。

お互いの悲しみや昔の悲しみを分け合ったりしないじゃないですか。私たちの世代があいうのを書いたら、まず親しくなって知り合ったときに、三人の過去語りが始まると思います。でも、三人の過去が延々と書かれて、みたいなのがないんですよね。

――たしかに、背景の描写は最低限に留めて前へ強く進んでいる感はあります。

仲間なんだけど、ある意味で現実的なところもすごくあって。そういうテンポ感が、実は王道のようでいて全く王道じゃないんですよね。そこがすごく面白いと思いました。だから、そのへんの速さとか、ちょっと気持ちに現実感があるところとか、変にべたべたしていないところとかが、すごく今の時代とマッチしたんじゃないかなと思って読んでいました。

――そのイメージは曲にも反映されているのでしょうか。

いや。テレビシリーズで私が担当したのは、はじめだけなんです。要は一番悲しいところなんですよ。家族がひどい目に遭ったところしかつけていないんですね。

そのあとのいきなり疾走感がダーンと変わっていくところからは私じゃない方がつけていて。それは役割分担でした。私は割と劇伴がつい重くなってしまうたちで。うしろにうしろに引きずるような曲のほうが得意なので、そういった非常に悲しいシーンの曲を書かせていただいて。

疾走感があがっていくところは椎名豪さんがすごくかっこいい劇伴をつけられました。

映画楽曲は流れるシーンが限定される

――劇場版で『無限列車編』をやると知った時はどう思われましたか？

テレビシリーズの時に原作漫画は読んでいたので「ああ、なるほど。確かに物語が始まりから終わりとして一区切りついてるし、あのエピソードが一本の独立した映画になるのはすごく納得がいくな」と思って参加していましたね。

――主題歌「炎」は、どのようなイメージで作られましたか。

「炎」はLiSAさんへの提供曲なので、はじめからLiSAさんへヒアリングをさせていただいて、みんなで話し合い、「ミドルバラードだね」となりました。ゆったりとしたバラードです。

重要人物との離別シーンで終わるので、人を送る歌であることは間違いないというところから始まったんです。ですから、書きやすかったというか、イメージとしては膨らませやすかったですね。

――テレビシリーズのエンディング曲も担当されましたが作り方に違いはあるのでしょうか。

テレビシリーズと映画の一番違うところは、映画は流れるシーンが限定されることなんですよ。

テレビシリーズは、オープニングでも、エンディングでも、その曲が流れるシーンって、毎度違うんですよね。その回がすごく楽しく終わることもあれば、悲しく終わることもあるので。ですから、テレビだとシーンを限定して曲を作ってはいけないんですよ。そうでないと、矛盾してしまう回が出てしまうので。

全体的に合うというか――「全体像」として楽曲にしなきゃいけない。でも、映画は「もう、このシーンでこのセリフの後に流れる」と決まっているんです。そこでしか流れないので、非常に限定的なシーンの楽曲として書くことができるんですね。テレビシリーズの曲の書き方と映画のエンディングの書き方って全然違うんですよ。

――映画の方がそれが流れるシーンのイメージに合わせて曲が作れる、ということですね。

それに、テレビシリーズはオープニングの曲だと九十秒で絶対に切れます。その九十秒の中に、山・谷・山が必要です。でも映画は、エンディングなら四～五分、ずっと流れる。ですから、はじめに静かなところが二分続いても一向にかまわないわけです。

だから、それによって聴かせ方も違うんですよね。

――テレビシリーズは確かにオープニングがちゃんと毎回九十秒、エンディングが一分と決まってますからね。

そう。ですから、曲もはじめからサイズが決まっているわけです。

――テレビの時はそのサイズに合わせて作曲なさっているんですね。

そうですね。はじめに曲ありきなんです。曲があって、後から画はつけるのですが、八十九秒できちっと終わらなければならないという制約が難しいところです。

――うかがっていると、テレビと映画の違いは、昔のフィギュアスケートでいう、規定演技と自由演技みたいな感じに思えました。

そうですね。まさにそういう感じです。大体の秒数で「ここから盛り上がりたい」などありますからね。テレビ用の曲は、その秒数ありきで作っています。

――その制約は、歌詞に関しても同様ですよね。

歌詞って、詩で書こうとすると、どうしても倍ぐらいの長さになっちゃうんですよね。だけども、決まった文字数があるじゃないですか、メロディがあるから。どうしてもこの一行にこれが言いたいんだけどっていう素晴らしい文章はあるんだけど、どうしてもそれがメロディに収まりきらなくて、どうしても言い換えなきゃいけないっていうときに死ぬほど苦しむんです。

――僕らの世界での雑誌の連載原稿に似ているんですね。ここにこの表現を使えたら最高なのに、文字数の制限があるから別のに換えないといけない。

ここでこの言葉を使えたら、どんなにいいかと思うんだけど、メロディに合わないとか、字数が足りないとか。そうすると、比喩とか、いろんな言葉を駆使します。詩としては完成しているのに、歌詞に落とし込むっていう作業でその完成を崩さなきゃいけないんですよね。そこがいつも一番苦しいところです。

――作詞には、文字数調整のためのボキャブラリーというのがまた必要になってくるんですね。

はい。あと、文字で読むと「いい言葉」でも、歌ったときに美しくない言葉とか、そういうことがどうしてもあります。例えば「憧憬」。漢字で書くとかっこいいけれど、歌詞にしたら、それは〈どうけい〉にしても、〈しょうけい〉にしても、全然乗らないとか……。そういうジレンマがあります。

――私もこうしたインタビューの原稿を書いていて痛感しますが、文字にして美しい言葉と耳に入って美しい言葉って、また違いますからね。

そうなんですよ。それと「朗読して美しい言葉」と「歌にして美しい言葉」がまた違うんですよね。

フレーズにもよるのですが、メロディを美しく聴かせたいと思えば歌の言葉を選ぶ必要があります。でも逆に、「乗らない言葉」を使って〝違和感を抱かせる〟という技も使えるんです。この言葉は音楽から浮いて聞こえてくる、とかですね。

テーマソングは「読書感想文」

――「炎」は曲と詞、どちらを先に作られたのでしょう。

同時進行です。作曲のみを担当する場合は、もちろん曲先行となりますが、詞と曲両方を書くときはポツポツと単語をちりばめながら曲を作っていき、後からその単語を整理します。単語からまた曲を膨らませて、さらに詞を新たに書き直す――みたいな作り方をすることが多いです。

――音ありきというより、言葉とともに音を作っていく、と。

基本、音が先なのですが「ここは絶対この言葉じゃないと」という箇所は作曲と同時に作詞します。

「炎」の場合は「送る曲」なので、人を送るという気持ちについて、いろいろ考えながら作りました。特に要となる人物の〝煉獄《れんごく》さん〟は「志半ばでの別れ」という面もありますし、非常につらいシーンですよね。

それを踏まえた上で、まずはじめの第一声をどうしようかなとか、そういうところから考えました。

ですが、音楽的にはあんまり悲しいだけでは駄目ですし、送る気持ちを持ちつつ前を向いているメロディにしたい。そのあたりのバランスを考え抜きました。どちらかに寄りすぎてもバランスがとれないなと思って。

――たしかに、哀しい入り方をしながらもサビの辺りから上がっていく感じがあります。

気持ちとしては、ちゃんと上げて終わらないと。人物たちの最後の台詞も前に行きたい気持ちで終わっているので、それをちゃんと受けた曲でないといけないなと思いました。

――脚本や原作のストーリーや世界観をきちんと読み込んで作られているのですね。

やっぱり、そうでないとテーマソングの意味がないですから。テーマソングや劇伴って、私は読書感想文だと思っているんです。

ですから、初めて読んだときの印象がすごく大事ですし、さらに何度も何度も読み返すと、また違う側面も出てきたりする。読書感想文を書くときのように、気になったところを読み返すなどしながら作っていきます。

――原作や脚本を読んでのインスピレーションだけでなく、解釈ということでもあるわけですね。

そうですね。一番大事なのは、見終わった人の気持ちにちゃんと寄り添えるかどうかだけですから。

たとえアップテンポの曲だろうと静かな曲だろうと、バラードだろうとロックだろうと、速いテクノだろうと、案外何でもそこにおさまるんです。結局はその物語を読み終わった人――その基本は自分ですよね――そのときの自分の気持ちって、きっと作品ファンの方の気持ちに近いと思うので、そのときの自分の気持ちにちゃんと寄り添うものを作れれば、音楽のジャンル自体はこだわりすぎる必要はないと思っています。

そうすることがきっと、物語を見終えたときにこういう音楽を聴きたいっていう人の気持ちに寄り添えるということだと思うんです。一番のサンプルは自分なので、自分が、何を聴きたいかとか、このシーンでどんな音楽が流れたら、自分はもっと感動するだろうとか、もしくは、この静かな時間にどういうふうに寄り添うかだとか――。

あくまで一読者としての自分自身から出てくる感情に素直に作れば、曲もそんなには外さないなというのはありますね。「一読者、一観客としての自分」を忘れないことが一番大事かなと常に思ってます。

――作品全体を踏まえての、演出的な視点も入れ込んで創作されているのですね。

歌詞があまり代弁してもいけないし、それでもミスリードするのが一番よくないと思っています。時に、違ったほうにミスリードしてしまう可能性もあるので、言葉って怖いんですよ。だから、そこもやらないように心がけています。

なるべくその原作が言いたいことを読み取って、そこから先はいっちゃ駄目とか。そういった、ちょっとした演出をするつもりでやらないと、やっぱり、音楽は作れないなといつも思っていますね。

「詩」と「歌詞」の違い

――「主題歌の歌詞」を手掛ける際、まずどのような点を心がけていますか。

その登場人物が言いそうにないことは言っちゃ駄目だということですね。「僕」って言ってる人に「おれ」と言わせたりはしない。
また、特定の人物視点に偏り過ぎないようにしています。具体的になればなるほど、齟《そ》齬《ご》が生じるというか。映画を見終わった人がどういう感想を持つかは、似てるようでそれぞれ違います。あまり具体的になりすぎて「これは明らかにこの人の歌だね」となってしまうと、見た人の感想と違ったときに違和感が出てしまうので、あまり一人の視点に寄せすぎないようにしています。

——そこがキャラソン（役柄名義で出す曲）との違いになってくるわけですね。

そこは一番変えなければいけないところだと思います。

——あくまでも三人称に近い視点で描いていく感じでしょうか。

そうですね。「僕」って言ってても、少し俯瞰《ふかん》の立場で書いてあげないと、「えっ、そんなことは私は思わなかった」とお客さんが感じてしまったら、お客さんがつらくなってしまいます。
「私はそう思わなかったのに、何でそう歌うの？」となってしまうのが、エンディングとしては最も失格だと思うんです。なので、なるべく大きな、俯瞰の目線で書くようには気をつけています。

――「炎」の作詞はＬｉＳＡさんとの連名になっています。実際に創作はどのように進められたのでしょう。

今回、はじめに私が一回全部書いたんです。でも、我ながらすごく悲しくなってしまって。映画化された箇所は原作を読んでいる時に、「つらい」と思いながら読んでいたんです。この歳になると、親しい人を何人も亡くしているので、いろんなことを思い返してしまって……。それもあって、歌詞には悲しみが強めに出ていました。

前向きさよりも悲しみにすごく寄っちゃったなと思いながら歌詞を提出したら、やっぱりＬｉＳＡさんが「もうちょっと前向きにしたい」と。私も「そうだよね」と思い、そこからＬｉＳＡさんにも手伝っていただきました。「ＬｉＳＡさんの思うように、好きなように書いてください」と伝えました。

ＬｉＳＡさんは「子どもも見る作品」という点を大事にしていました。「見終えた子どもを悲しい気持ちにさせないほうがいいんじゃないかと思います」とおっしゃって、前向きな気持ちを足してくださった。結果、すごくよくなったなと思っています。共同作業にさせていただけたのは本当にありがたかった。

——お二人の異なる視点が入っていることになりますが、実際に歌を聴いても違和感はありませんでした。

そこはLiSAさんが元の歌詞を非常に汲んでくださったからですね。読解力も発想力もある方ですから。

もともとLiSAさんって、すごくいい歌詞を書かれるので、私、すごく好きなんです。あれだけいい歌詞を書く方なので、別にどこを直していただいても、私のほうも不安はなかったです。

LiSAさんもすごく原作への理解が深くて、特に「あの話は一番好きなエピソードだ」とおっしゃっていたので、そこに対するご自身の気持ちも入れたかっただろうと思いますし、そういった意味で、とてもいい共作にさせていただけたなと思っています。

——梶浦さんからみて、LiSAさんの歌詞の魅力は、特にどのような点にありますか？

きらっと光る言葉を出されます。すごくキャッチーな言葉を使われますよね。それが素晴らしいなと思います。

――作詞できる者同士だからこそ、できた共作ということも言えますね。

そうですね。正直、一度も歌詞を書いたことのない方に、「好きに変えていいですよ」とは言えませんから。

でも、逆にＬｉＳＡさんだったら、「どういうふうに素晴らしく手を入れてくださるだろう」というワクワクがあったので、楽しみでした。ああ、ここでこういうふうに言ってくるんだとか、すごく勉強になりますね。

なかなか自分のボキャブラリーって限られていて、どんなに広げたと思っても、ほかの方の書く歌詞を見ると、ここでその言葉を使うのかって、ショックを受けることがすごく多いんです。ＬｉＳＡさんの書く歌詞にも非常にそれが多くて。

ＬｉＳＡさんの「歌を演出する力」

――ＬｉＳＡさんのヴォーカルについて、お聞かせください。

素晴らしかったですね。言葉の表現力が素晴らしい。

歌い手さんには、はじめから歌い方を自身で演出するタイプと演出しないタイプがいます。この言葉をどうやって歌うとか、このロングトーンはここまで伸ばすとか、自分で全部決めてくる方と全く決めてこない方。

どちらか片方が正しいというわけではないんです。決めていない方には、こちらが決めてあげればいいだけなんですから。「そこの《か》っていう音はもっと強く歌って」とか「最後のロングトーンはもっと長く伸ばして」とか、伸ばしきれないいんだったら、「じゃあ、このへんできれいに切ってみよう」とか。こちらで演出をつけて、一文字一文字を録っていくやり方をします。

ＬｉＳＡさんは完全に自分で演出してくる方。その演出が完璧で、あれだけ時間もない中で、よくこれだけ突き詰めて歌を作ってくるなって、びっくりしました。

はじめから完璧でしたね。びっくりするぐらいはじめから素晴らしくて。素歌《すうた》を聴くと、ひと言ひと言が、どれだけちゃんと演出しているかって、すごくよくわかるんです。一つの言葉をどう歌うかっていうことを、ひと言ひと言ちゃんと全部考えて歌っているから、あんなに歌詞が聴こえてくるわけです。

——特に「炎」はバラード調なので、歌詞が歌にちゃんと乗っててほしいですからね。

バラードって、何も考えずにきれいにふわっと歌っちゃうと、さーっと通り過ぎて、何も残らないんです。でも、あれだけ一つ一つの言葉を大事に歌っていただいたら、これは名曲になるなと確信するぐらい、素晴らしい収録でした。

——「歌手の表現力」という言葉がありますが、そうした点を指すのでしょうか。

そう思います。歌唱力と表現力って、少し違うものだと思っています。表現力も含めて歌唱力と呼ぶ方もいらっしゃいますが、ピッチをきれいに歌えるとか、ロングトーンをきれいに伸ばせるというのと、その言葉を一つ一つ聴かせていくという能力は全く別なものです。

言葉を聴かせていくには強い自分の意思が必要です。自分の理解と意思、そしてこの歌をどう聴かせたいかという演出が歌う人自身にないと表現できないものなので。

その点、ＬiＳＡさんは歌に対する欲が深いというか、自分の作戦とか、意識みたいなものがとても高くて。

——音符を表現するということと詞を表現するということ。その二つが歌手の方に必要だということですね。

そうですね。私はご一緒する機会はさほど多くないのですが、最近、よく声優さんが歌いますよね。声優さんは——もちろん人によりますが——ピッチの良し悪しをこえるぐらい滑舌がすごくいいので、言葉がきれいに聴こえるんですよ。なので、ハッとするような歌になったりするんです。

空間のエフェクトを音楽で補佐

——「炎」は壮大なスケールを感じさせるバラード調の楽曲が作品自体の余韻とマッチしています。

曲が流れるシーンを想定して、「大きい歌」にしてあげないと、という思いはありました。少なくとも部屋でポツポツ歌っている感じの曲ではないなという気がしたので。屋外の場面ですし、非常に広いところで戦っていますし、世界観を俯瞰で見てもすごく大きいので、大きな感じで作りました。

——だから場面の余韻と合ってくるわけですね。

やっぱり、最後に終わる場面が室内か外かで、イントロも変わると思います。アニメーションって、「広さ」を裏切らないほうがいいと私は思っています。実写作品は私たちの脳が表現の奥を補ってくれるので、音楽が広さを裏切っても平気なんです。今までの経験則から言って。

例えば、広い草原の場面でドライなピアノがポンと響いても、それはそれで、「ここは広い草原だけど、この音はきっと心の中の表現だから、こんなに狭く聴こえるんだな」とか。

人間って、実写だと無意識にその世界の外側までしっかり感じているのですが、アニメってどんなにきれいに作っても実写ではないんですよね。ですからアニメで「狭い」音楽を流すと、映る空間の印象も一気に狭くなるんです。なので、アニメでは広い世界のときは広い音を作ってあげて、狭い部屋のときは狭い音を作ってあげる。空間の広がりのエフェクトを音楽で補佐するような気持ちでアニメの曲は作っています。

――そういった広さは、どの段階で意識されますか。ラッシュ（未編集の試写）、それとも完成映像を見てから……でしょうか。

音楽を作るときにはまだラッシュはないので、背景画などをいただいたりして、広さを見ます。あとはセリフを自分で読んでみたりもしますね。
映画だと声優さんが読んだ音声が先に届くこともあるので、そういうときはありがたいですね。

――そのセリフの雰囲気やイメージに合わせて、音を変えていくこともありますか。

そうですね。劇伴はすごく繊細なものなので、「声の低い人のときは低い音で始めない」とか、「女の子のときはあんまり高い音で始めない」とか、声の邪魔にならないようにする必要もありますし。

――徹底して考え抜かれて臨まれているんですね。

せっかく作品に関わるからには、やはり最高の作品になってほしいなと思います。一番のファンになって応援する気持ちで作るので。だから、音楽を入れることを有意義にしたいという気持ちは強くありますね。音楽を入れることで、みんなが望む方向に作品を後押ししたいなっていう責任感みたいなものは、すごくあります。

私は「好き」という気持ちがエネルギーになるので、まず「好き」探しから始めます。一読者になって、私はこの作品の一番どこが好きだろうっていうところがスタート地点ですね。

異世界への入り口と出口

――『無限列車編』はテレビシリーズにもなりました。今度はオープニングとエンディングの両方をやられましたけど、同じ作品でありながら今度はまた曲を変えるというのは、どのような意識で臨まれるものなのでしょう。

「炎」っていうのは一番最後にしかかけられない曲なんですよ。テレビの個々のエピソードではなく、『無限列車編』全体が終わったあとにしかかけられない曲なので、テレビシリーズの第一話からかけられないんです。

今度は『無限列車編』の頭からかけられる曲を二曲作るっていうことだったので、矛盾することはなかったです。

これから乗るぞっていう曲と、もう壊れて何もなくなったあとの荒野で流れる曲だぞみたいな。そのくらいの差はあるので。だから、そんなに「炎」に引きずられるっていうこともなく。

――テレビシリーズは各話で終わった時の余韻が異なりますよね。あのときのエンディングはちょっと激し目の感じのイントロになっていました。

あの曲は（アニメ制作の）ufotableさんのほうから、あんまりアップテンポじゃない、どっしりした曲で始めたいなっていうことだったので。ちょっと列車の車輪が回り出すような感覚も含めて。逆に、エンディングのほうは割と悲惨なところで終わるシーンが多いので、次につながる明るさにしたいなというふうには思って作っていました。

――たしかに翌週に続いていくわけですから、そこで観ている側が暗く落ち過ぎてもよくないかもしれないですからね。

だから、エンディングのほうが少し明るさ補完をしているわけです。こんなに悲惨に終わったけど、でも、次があるよっていう気持ちはちょっと入れたかったなというのはあるかもしれないです。

――ここも、シリーズ全体を捉えて創作されているのですね。

主題歌とエンディングは、イントロとアウトロだと思っています。アニメ本編があるとしたら、その主題歌のイントロを聴いているときにそのアニメを見たくならないと意味がないんです。アウトロは、終わったあとに何か反芻《はんすう》するための音楽だと思っています。入り口と出口ですよね。

どんなアトラクションに行くのも、入り口と出口が美しくて、ちゃんと中と雰囲気が合ってると嬉しいじゃないですか。ディズニーランドとか、まさにそうですよね。みんなが待っているところとかもちゃんとそのアトラクションのイメージになっています。出口もちゃんと気持ちよく送り出してくれる。ああいうアトラクションの入り口と出口みたいなイメージで、ちゃんと気持ちよく作品の中に入ってもらえるよう心掛けています。

アニメーションって、大体が異世界ですから、気持ちよく異世界にダイブできるイントロと、異世界の何かを抱えながら、ちゃんと現実に戻ってこられるアウトロと。そうなると暗いまま終わっちゃうんじゃなくて、ちょっと現実に戻してくれるような部分もあるといいなとか、いろいろ考えながら作ります。

テレビのない家で育った

――梶浦さんが劇伴のお仕事をされることになった経緯をお聞かせください。

もともとはバンドでデビューしまして劇伴というものには全く縁がなく、劇伴という言葉も知らなかったんです。それでインストゥルメンタル（楽器だけで演奏される音楽）を三曲作りませんかっていう企画があったんですよ。当時、レコード会社に所属している作曲家がみんなインストゥルメンタルを作って、一枚のコンピレーションにして売り出そう、みたいな企画で。

でも、それまで実はインストゥルメンタルって全然興味なくて、作ったことなかったんです。そのちょっと前かな、ニューエイジの時代が来てて、私もニューエイジを聴くようになっていたんですけど、歌ものから入って、結構ニューエイジってインストゥルメンタルも多かったので、ちょっと作ってみたいなと思っていた時代だったんです。だから面白そうだなと思って、インストゥルメンタルを三曲作って。その中の一曲はＣＤに入れていただいて。

で、その余った二曲をちょっとつてで知り合いが何となく市川準監督に聴いていただいたら、映画で使いたいって急に言われて。で、今までもインストゥルメンタルを三曲しか書いたことがないんですけど、いいですかとは聞けず、そのまま映画のを一本作ることになってしまいまして。

――いきなりなんですね。

ほんとにいきなりで、それがなければ、全く縁のない世界だったと思うんです。

そもそも私は高校までテレビがない家で育ちまして。だから、映画もドラマもテレビもほとんど観たことがなくて。『スターウォーズ』も『ガンダム』も観たことない人間でした。ですから劇伴も「そういえば、映画のうしろに音楽って流れていたような気がする」ぐらいの感じだったんです。それなのにいきなり作ることになっちゃって。もう、慌てふためいたどころじゃなかったんですけど。でも、やらせていただいて「面白いかも」と思って。

そしたら、それを見た脚本家の方から、「アニメの音楽もやってみない?」って言われて。でも、アニメというと、幼稚園のときに『ムーミン』を観て以来、何も観ていなかったんですよ。

ですから、めちゃめちゃ人の縁ですね。ほんとに縁でいただいたお仕事で。それでまたそのアニメをやってみたら、その仕事がすごく面白かったんですよ。

――映画やアニメが好きだから、というのではなく、仕事としての面白みが大きかったんですね。

私、もともとオペラとかが好きだったんです。うちの家族がオペラ好きだったもので。でも、オペラとかニューエイジみたいな音楽って、J-POPの世界では当時は特に求められてなかったんです。

今みたいにエスニックなものもなくて、どっちかっていうとGiRLPOPみたいな時代だったので、ちょっとワールド的なエッセンスとか、オペラ的なすごく大げさなものっていうのは聴くだけのものだと思っていて。聴くのは楽しいけど、作るのはちゃんとJ-POPのものを作ろうみたいなスタンスだったんです。でも劇伴をやり始めて、特にアニメは非常にオペラに近いんです。悪役が高笑いするのはたいていオペラかアニメだけですから。

――なるほど!

だから、アニメってすごく大げさな音楽が合うんです、世界観的にも、英雄が出てきて、神話の世界で神さまが攻撃してきたりするじゃないですか。あっ、オペラ的なことがここできるんだと思って、それですごく楽しくて夢中になってしまって。それ以来、アニメの音楽をやりたい、やりたいって思って、ここまで来てます。

――ご自身の趣向に合う場所でもあったんですね。

そうです。自分が今まで体の中に溜めてきたものを出せる場所を人の力で見つけていただいたっていう感じです。

主題歌は人寄り、劇伴は世界寄り

――ゼロから作曲される場合と、劇伴というある程度の枠がある中で作曲される場合とで、作り方は違いますか。

音楽を作る時、よく「インスピレーションの源だ」みたいに言うじゃないですか。劇伴って、もう原作というインスピレーションがあるんですよね。だから、そのインスピレーションに困らないっていう意味で、すごくいい場所だなとは思います。もちろん、ちゃんとその世界に合わせなきゃいけないっていう制約はあるんですけど、それは結構いい挑戦をいただいていると思って、なにくそという気持ちでやっています。

自分の中からインスピレーションがわいてくるのを待っていたら、年に二十曲も作ればいいほうじゃないかと思うんです。劇伴はそのインスピレーションをいただけるから、多いときは年に数百曲とか作っても何とかやってこられていますね。

――「お題」をもらっているような感じなんですね。

そうです、そうです。ほんとにおっしゃるとおりですね。落語でいう三題噺のお題が来て「うわあ、強引な三題だな」と思いながらチャレンジしてみたら、ちょっといいものができちゃったとか。そういうチャレンジングな楽しみがありますね。

――劇伴と主題歌では、作るプロセスの違いはありますか？

すごく大ざっぱな言い方になりますが。自分の中では、主題歌は人寄りだと思っています。で、劇伴っていうのは世界寄りだと。

もちろん、どちらも感情に寄り添うのはあるんですけど、劇伴は世界の説明とか色とか暗さとか、そういったもののほうが大事で。主題歌は言葉、どうしても日本語が乗ってきますから、やっぱり、登場人物の人間ドラマになってくるなという感覚はあります。

ですから、特に主題歌とかエンディングの歌詞を書くときは、ありとあらゆる文字情報は熟読して、なるべく多くの情報を入れないと、なかなか難しいです。

――一曲の歌詞を作るのにどのぐらいの時間がかかりますか。

結構すごく早いと一週間ぐらいで書けちゃうこともあるんですけど。もう、どうしても最後の二行が決まらないとか、苦しんで苦しんでそこに二週間かかっちゃうとか。

でも、それは締切がない場合です。締切というものがこの世には存在するので。でも、どんなにひねっても考えたくなっちゃうんですよ。だから一週間で書けたと思っても、締切までに三週間残っていると、やっぱりもう一回取り出して、ここはほんとにこれでいいんだろうかってなってしまうので。

――設定された締切が制作期限になるわけですね。そこは僕らの仕事もそうですから、わかります。ぱっと早く書けたらそれで終わるかといったら、締切までの時間はちゃんと使い切るというのはあります。

一回できたと思っても、取り戻して反芻して。でも反芻した結果、いいほうに転ぶとは限らないんですけど。

四位一体で同じ方向へ

——歌詞はどこで作られていますか？

ずっと家にいると案外書けなかったりするので、ノートを持って外に出たりはします。大体の大枠はまず家で書いて、ちょっとこれ以上進展できないなと思うと、インスピレーションがわきそうな資料を抱えて、喫茶店とかに行って書いてることが結構多いです。

——ちょっと空気を変える感じでしょうか。

客観的になれるんですよね。部屋の中って、どうしても詰まっちゃうので。特に歌詞って、客観性がないと、どんどん痛々しいものになっていくんです。それをちょっと広げるために外にあえて出て。そうすると客観性を取り戻せるので。客観性というものをインプットしながら書いてる感じです。

——あえて気を散らす、みたいな。

気を散らさないと。根を詰めれば詰めるほど、夜明けに書いたラブレターみたいになってくるので。

――作詞作曲というと、感覚や主観的な作業と思っていましたが、実は客観性が重要なんですね。

やっぱり、それがないと、第三者に聴かせるものは……。劇伴の仕事って、私のファンだけが聴くものではなくて、全く私のことをあずかり知らぬ人たちにもちゃんと届けなきゃいけないものなので。客観性はなるべく持つように常に努力はしています。

――特別な芸術家みたいなイメージでいましたが、劇伴の創作も制作チームのスタッフという役割として機能しているんですね。

ただ自分の音楽を作ってるならいいんですけど、作品に関わってくると求められるものが全然違うので。演出の人がここで何をしたいのか、何でこの絵コンテになってるのかとか、何でこの原作がこの絵コンテになって、この人がなぜここでアップになったのかとか。その意味がちゃんとわかっていないと、音楽は作れないので。だから、ちゃんと絵コンテも見て、その絵の動きも見て、そのテンポ感とかの意味とか、全てを理解しないといけないと思います。

そもそも、「何でここに音楽を入れるの？」っていうところから始まるんですよ。「演出の人は一体何が欲しくて、ここに音楽が入ってくるの？」っていうのがわからないと、まず作れないんですよ。それは、この人の悲しみを聴かせたいのか、ショックなのか、あるいは歪《ゆが》んだ喜びなのかとか。それをなぜ音楽で聴かせたいのかっていうものをちゃんとこっちで理解しないと。

もちろん、制作側も理解してくださっているので打ち合わせのときにちゃんと説明してくださいます。それでもわからない場合は、こっちから聞くこともあります。「ここはどっちを重視しますか」とか「表現するのはこの人の気持ちですか、それとも相手の気持ちですか」とか。そういうことを全部聞いた上で、そのストーリーと演出をある程度自分の中でかみ砕かないと、一曲目から作れないっていうことがあるんです。

——演出家の意図を読み取ると同時に、演出的な発想も必要になってくるんですね。

せっかくストーリーや演出家の人が作ってきた世界を音楽でミスリードしてしまうと、何もかもが無駄になってしまうので。みんなが作り上げていきたい方向にちゃんと音楽も一緒にならないと。そこに声優さんの演技も加わって、四位一体が同じ方向にばあーっと行くと、すごい効果が生まれるんです。

音楽って、実は支配力がすごく強いんですよね。観ている時は聴こえてはいないんですよ。「映画に音楽ってついてたっけ」って思うぐらい、聴こえてなくていいんです。でも、そのくせ、いつの間にか人間の心を支配してしまうんです。女の子が黙って部屋に入ってきたときに、すごく悲しい音楽が流れているか、めちゃめちゃファンキーな音楽が流れてくるかって、場面の色が全然変わってきちゃうじゃないですか。だから、こちらが作品とか、そのシーンが何を求めているのか理解しないと。それを理解するためには、自分で判断したものでいいのか、誰かに聞いたほうがいいのか、そこをちゃんと考えてから音楽を作り始めないと、そもそも間違うんですよね。

ですから、その物語の行く末みたいなものをちゃんと自分の中で考えて、捉えてから作るようにはしています。

二〇二二年八月三〇日、都内にて

キャスティングで日本人俳優とハリウッドを繋ぐ「文化の橋渡し役」

キャスティング・ディレクター

奈良橋陽子

映画『ラスト サムライ』

ならはし・ようこ／米ニューヨークのネイバーフッド・プレイハウスで学ぶ。演出した舞台・映画『THE WINDS OF GOD』(1995) は「国連芸術賞」「日本映画批評家大賞」受賞。現在はキャスティング・ディレクターとしても活躍しており、映画『ラスト サムライ』『SAYURI』『バベル』『終戦のエンペラー』など話題作を次々と手がけている。

日本を舞台にしたトム・クルーズ主演のハリウッド映画『ラスト サムライ』（エドワード・ズウィック監督、二〇〇三年）には、主要キャストで日本の俳優も数多く出演。渡辺謙、真田広之はこれを契機にハリウッドに活躍の場を移すことになる。そうした日本人俳優たちをキャスティング・ディレクターとして配役したのが、奈良橋陽子氏だ。

『ラスト サムライ』渡辺謙のオーディション

――まずは、『ラスト　サムライ』に参加する経緯から、お聞かせください。

ちょうど私自身が幕末期の舞台劇を演出していた時期でした。そのお芝居をたまたまワーナー・ブラザースの弁護士が見に来ていて、「ワーナーから映画の仕事依頼が来ると思います」と言われて。その後少ししたら監督から直接メールが届いたんです。それがスタートでした。ハリウッドの場合は信用できない人も少なくないので、ちゃんとしたオフィシャルの人からの連絡で進めるように心がけています。監督から台本がすぐ送られてきて、読んだら私も感動して「やります！」となりました。

――トム・クルーズの主演は既に決まっていたのでしょうか。

そのときはまだでした。主演候補の人の名前も色々聞いたんですけどね。舞台も無事に終わり、私は定期的にロサンゼルスに行っているのですが、監督に会うたびに、「ちょっとまだ主演が決まってない。決まらないとこの作品はできない」ということでした。アメリカの場合は出演料が何億という「A-List」（トップスターのリスト）の役者を入れないとプロジェクトを実行できません。その間、監督には「ぜひ協力したい。とにかく絶対にあきらめないでください」と言っていました。

――トム・クルーズに決まった時は、どう思われましたか？

最初にお話が来てから半年くらいして「トム・クルーズに決まった」と言われ、「！」が十個つくぐらい、嬉しかったです。『トップガン』の方ですから最初は違う感じの俳優をイメージしていたのですが、本人がすごくやりたいと思ってくれたというので、こちらもとにかくこれは大成功させないといけないという気持ちになりました。

――そこから日本人のキャスティングになっていくわけですね。

監督が「日本でどこまで撮影ができるのか。それから日本にどういう俳優がいるのか。一度下調べしたい」と来日することになりました。そのとき、私はすぐ真田広之さんが思い浮かんだんです。

——真田さんは時代劇の芝居をやらせたら右に出る者はいませんからね。

ちょうど私も時代劇の舞台をやった後なので、殺陣《たて》をできる役者たちが揃っている。そのチームとヒロさん（真田）とで殺陣のショーを演出したんです。体育館を借りて監督に披露したら、監督もとても喜んでくれましてね。「よし、これで行けるぞ」となりました。

そこからキャスティングについて監督と話し合い、「この人、この人」って目星をつけておき、次に監督が来日する時に「オーディションをします」ということになりました。

——渡辺謙さんは、どのように決まったのでしょう。

そのトップバッターが渡辺謙さんでした。監督たちは東京ではなく先に京都に入っていました。そして、渡辺謙さんもちょうど京都にいたんです。それで、彼を紹介しようと思ったのですが——。監督たちも日本に着いた直後で、時差ボケなどもあったのでしょう。本格的なオーディションにはならず、インタビューという感じでした。そのせいか、あまり監督の記憶に残らない結果になってしまったんです。

渡辺謙さんは、私もすごく推薦していました。当時はＮＨＫの大河などはやっていらしたんですが、映画はあまりやっていらっしゃらなかったんですよね。

――たしかに、私も渡辺謙さんの一ファンとしてあの当時は「もっと大きな仕事ができるのに！」と歯がゆかった記憶があります。

ちょうど謙さんが事務所を移られた頃だったんですよね。だから何も資料がなくて、私が調べていろいろ用意したんです。

監督たちはそこから東京に行って、様々な俳優のオーディションが本格的に始まります。他の配役は決まっていったんですが、肝心の主役である「勝元盛次」役がなかなかいない――と。

そこで私は「最初に会った渡辺謙さんと、もう一度ぜひ会ってみてください」と監督に言いました。私は彼が一番いいと思って最初に紹介していたのですが、その後連絡できていなくて。

改めて彼をホテルに呼んでオーディションをすることになったのですが、特に構えることもなく、謙さんらしく、あっけらかんと、「いやあ、オッケー」みたいな感じで軽く入ってきて、やり始めた。やり始めたら、監督が私のほうを向いて、「うん！」って、非常にいい合図をくれたの。私も「嬉しい！　Oh my God!」みたいに思って。
あのときは本当によかった。だって、主演が決まらなかったら困っちゃうじゃないですか。それに何より本当に彼がいいと思っていましたからね。
ですから最初の時に、なんでちゃんとオーディションしなかったのかと思ったりもしましたよ。

――回り道して最初の候補に戻ったわけですね。

こういうのは、よくあるんです。『バベル』（二〇〇六年）の時の菊地凛子さんもそうでした。半年くらい探して、結局は彼女を採用することになりました。

――あの頃に渡辺謙さんとお仕事していた日本のプロデューサーの方々にお話をうかがうと、体調への不安があるから映画会社やテレビ局の上層部が大きな仕事を任せにくかったということです。体調面は気になりませんでしたか？

私自身はすごく注意をしていました。だけど、謙さんのあのスピリットを見ていると「もう、絶対に大丈夫だ」と信じることができました。それでも体調管理は気をつけましたね。監督に「ちょっと、今日はやめたほうがいいんじゃないですか」とか言うこともありましたから。

――そのケアをちゃんとできれば、あれだけの仕事ができるわけですよね。

ですから思うんですけど、日本って「これがこうなっちゃったら駄目」っていうのが先に来るんですよ。なぜ「リスクを背負ってでも前に行こう」とならないのか。私は後者のほうなので、「賭けようよ。だって、人生一回だからLet's go」みたいに思うことはすごくあります。

天皇を演じた歌舞伎役者の「品」

――次にうかがいたいのは、天皇役の中村七之助さんについてです。

天皇をやる俳優といったら、特別な感じがないといけないと思ったんですよね。それで何人か候補を出しました。その中で、七之助さんは話をしていても非常に特徴がある方なんですよね。まさに、「普通」ではない。しかも、彼が既に持っているたしかな背景もあるじゃないですか。

素晴らしい歌舞伎俳優で、舞台を見たりしていても彼は存在感がものすごくあった。もう他を圧倒していましたね。

――奈良橋さんはその後の『終戦のエンペラー』（二〇一二年）で片岡孝太郎さんを昭和天皇に配役しています。天皇を演じるとき、歌舞伎俳優が向いているということなのでしょうか。

人の「品」とかは、演技で後からパッとつけられるものではないと思うんですよね。やっぱり、生まれが大事な部分もあります。

だから、『終戦のエンペラー』の時も孝太郎さんしかいないと思ってました。それで孝太郎さんにお願いしたところ「父と会ってほしい」と。そこでお父様の仁左衛門さんにお会いしたら「駄目だね」と言われたんです。それでもとにかく一生懸命お願いしたところ、ひとまず「ちょっと考えるね」と。そのとき楽屋を出たところに七之助さん、そして中村勘三郎さんもいらしたの。

『ラストサムライ』で七之助さんに決まった時も勘三郎さんはご本人より喜んでくださったぐらいなんです。それがあったので、その時も勘三郎さんが孝太郎さんに「絶対やったほうがいい」と言ってくださって。幕を隔てた後ろに仁左衛門さんもいらした。この話を聞いていてほしいなと思っていたら翌日にＯＫをいただけました。

――ヒロイン役は小雪さんでした。

彼女のクラシックな感じにとても惹かれたんです。あの役の場合は、最後に二人残ったんです。小雪さんともう一人の方が。で、最後に決めるためにカメラテストをすることになり、ロサンゼルスに二人を呼びました。

そして照明や衣装を本番同様にセッティングして、実際に二人ともトム・クルーズと演技もしてもらって、それで決まったんです。トムと実際にやってみた時のケミストリー、それにトム自身の意見もありますからね。そういうことから判断しました。

――子役で池松壮亮さんも抜擢されています。

子役を何人か見て、セレクションしました。その中で彼がいいなと思って。その後監督に会わせたら監督も「ホームラン！」と言ったんです。

池松さんはあの現場ではいろんな想いをされて、泣いたりしたこともあったんですよね。そして今も素晴らしい役者でいらっしゃる。だから、もう一回外国作品にも出ていただきたいなと思って、池松さんに合う役を探しています。

一発ＯＫだった福本清三

――『ラスト サムライ』で大きな衝撃を受けた配役として、これまで京都で撮影される東映時代劇で斬られ役一筋で生きてきた福本清三さんが、トム・クルーズの見張りをする大役で抜擢されたことが挙げられます。

いろいろと配役が決まっていった最後に、監督が「もう一つ役があるんだ」って言うんです。「サイレントサムライ」という、ひと言も話さない役を入れたいと。その役が清三さんだったんです。

――奈良橋さんは福本さんを既にご存じだったのですか。

はい。絶対に彼を応援したいと思っていたんです。その時は私も監督に信用してもらえていたので、清三さんを推薦したら、もう彼だけ一発ＯＫですよ。

「この人がいいと思う」ということで、こちらでプレゼンテーション用にテープを撮っていたんですよ。何度も清三さんに斬られて死んでもらったりして。それを監督に送ったら、「オッケー！」って。

清三さんは、私の中ですごく大事にキープしていたんです。ここぞというタイミングがあった場合は推薦しようと思って。すると、「まさに」の役柄の話が来たわけですからね。もう「神さま、ありがとう」って思いました。私、他の俳優の選択肢は用意していませんでした。真田広之さんも彼を応援していて、「すごく嬉しかった」と言ってましたね。

――真田さんと福本さんは東映で長いお付き合いですからね。

そう。清三さんに決まったことは、本当に多くの人に喜んでもらえました。そういう喜びがキャスティングにはあるんです。

ずっと努力をして、それでも日の目を見ない方にチャンスが来る。これは、キャスティングをやっていての、大きな喜びですね。

――そうした抜擢は、近年の日本映画ではなかなか難しい。

ハリウッド映画にはなぜそういうチャンスがあるかというと、アメリカの監督やプロデューサーは日本人の役者についてあまり詳しくないんですよ。だから、「この人は売れている人かどうか」という目で見ないんですよね。

――日本映画だと日本でのネームバリューをどうしても重視してしまいますが、ハリウッ

ドの人はそれを知らないから、ゼロから判断できる、と。

向こうも最初は「まあ、なるべく売れてるほうがいい」と言うこともありますが、結局は全く関係なくなる。ですから、こちらが「この人」と思った人をバンバン推薦できるわけです。

――現場での福本さんはいかがでしたか?

ニュージーランドでの撮影は、一人ずつ滞在用の家を提供したんです。その家も私が選んでいくわけです。それぞれに「ここなら、この人に合うかな」って考えながら。

清三さんはよくライスカレーを作って、謙さんや真田さん、みんなを家に呼んでいました。そこでみんな楽しく過ごしていましたよ。

――時代劇ですから、たとえ端役であっても殺陣や馬術などの技能をもった俳優たちが必要になりますよね。

大勢のスタントやアンサンブルとか侍役をお願いしないといけませんでした。しかも、アクションができないといけない。そこでいくつかのプロダクションに声をかけています。

でも、日本って社会全体もそうですが、非常に固執しているところがありますよね。英語でterritoryというのですが、「ここがうちの領域」という。

――縄張り意識、ですね。日本の特殊技能の世界はそれが強いと聞きます。

プライドやらでそういう意識があるから、視野が狭いと思うんですよね。私からすると、もっと世界を相手にしようという想いがありました。日本全体でバーンと打って出ればいいじゃないかと。ですから『ラスト サムライ』の時は、あえて多くのプロダクションに声をかけたんです。それが見事に上手くいきました。現場で他の事務所の方と仲良くなる、素敵な関係性がたくさん生まれたようです。これは非常に嬉しいことでした。

朝ドラの米国人女優を推薦

――先ほど菊地凛子さんのお話が出ましたが、彼女も『バベル』に配役されて一気に脚光を浴びました。

あのオーディションには百人以上の女の子がオーディションに来ました。でも、あの歳でセンシティブなことをしないといけないから、大丈夫かなと思っていたんです。それが、彼女は飛び抜けていましたね。

――一方で『SAYURI』（二〇〇五年）には役所広司さん、桃井かおりさんという大ベテランの二人が配役されました。

役所さんは最初から「ぜひ！」というのがありました。ずっと大ファンでしたから。彼の演技には嘘がないし、幅もあります。それで「絶対に」ということで推薦しました。

桃井さんは、事務所に来ていただいた時に、「英語で話しませんか」と提案されたので、英語で話したら、ちょっと難しいかなという気がしたんです。ところが、シーンを撮ったビデオも持参されていたので、それを観たら……She is amazing!

本当にアーティストだと思いました。そうなると、英語力なんてどうでもいい。私が少し手伝えばいいことですから。それで監督にも見せたら、監督もすぐにＯＫでした。

――あれだけのベテランで、そこまでのチャレンジ・スピリットがあるのはすごいことですね。

素晴らしいですね。培ってきた演技のベースって、そういう瞬間に生きるんです。それができるのが本物なんですよ。勝手に自分のやりたい演技をするのではなく、相手からもらった機会に対して、それが生きた瞬間は当人ですら予想できなかったものが出てきます。

それがベストな演技だと思います。

――NHKの『マッサン』（二〇一四～一五年）では、今度はアメリカの女優を日本のドラマに配役する側になっています。ヒロイン役を演じたシャーロット・ケイト・フォックスは奈良橋さんの推薦だと聞きました。

あれはNHKのプロデューサーからのお話でした。NHKとしても初めての試みということで、素晴らしいと思いました。私はそういうのが好きなんですよね。それで「絶対に協力します！」ということで夢中になって探しました。

――どのようにして探したのでしょうか。

あの時は日本からもオンラインで募集がかけられたんですよね。それで、いろんな州からたくさん送られてきました。その際に重視したのは、「日本人が好きな、受け入れそうな女性」がいいと思ったんです。ですからセクシーなイメージの人は違うなと。それから、あまり強いエゴを出すタイプも日本人には向かないなと。そういった基準で何人かが残り、最終的に彼女に決まりました。彼女に受かってほしくて、日本で最後のカメラテストをやる前に、私はロスにいたのでそこに来てもらって日本語の勉強を一緒にしました。「大丈夫よ、がんばって」と励ましましたね。

——日本人がアメリカで戦うのも大変ですが、アメリカ人が日本で戦うというのもまた大変なことですよね。

彼女は本当に努力しましたね。日本語を全く知らない状態でしたから。一日ずっと日本語の勉強をしていました。普通は教室で習ったら、それで終わりなんですが、彼女はその後も翌日の予習をずっとやるんです。途中で投げ出したくなることもあったと思うのですが、やり遂げました。

「まだまだもっとやれる」役者を選ぶ

——『終戦のエンペラー』は舞台が日本というのもあり、日本のベテラン俳優が数多く出ています。西田敏行さん、夏八木勲さん、火野正平さん、伊武雅刀さん、中村雅俊さん。こうした俳優の実力を世界に知らしめる、良い機会だと思えました。

あれは私がプロデューサー的な立場にいたので、逆に監督に「どういう役者がいい？」って聞いたんですよね。それで監督がイメージを伝えてくれたので、「それなら、こういう人がいる」と推薦しました。

――夏八木勲さんは私も大好きな役者さんなのですが、まさに適役だと思いました。

あの役は、私のおじいちゃん（関屋貞三郎）の役なんです。それで、根本的な奥底に優しさがあることが大事だと思って夏八木さんがいいと思いました。後で夏八木さんはインタビューで泣かれていました。「こういうことができて、なんと嬉しい俳優人生だ」と。それを観て私も感動しちゃいました。

――中村雅俊さんにお話をうかがった際は出演の大きな理由を「奈良橋さんだから」とおっしゃっていました。それだけの信頼関係があるんですね。

私が英語劇を演出した時、彼は慶應の学生で、その時に出会ったんです。ですから、もう五十年以上の関係になりますね。彼はピアノも弾けて人気者でした。彼ぐらいの年齢で英語ができる俳優って少ないので、今でもキャスティングしたい俳優の一人ですね。

――火野さんは「こういう役が一番やりたかった」とおっしゃっていました。

火野さんの交渉は本当に頑張りました。「お願いですから」と何度も粘って交渉したんですよ。あの役（東条英機）は絶対に火野さんにやってほしかったので。

――そうした、「この人！」と思える役者さんの共通点がありますか？

内面に重みを持っていることですね。そうした面を持っているのが、日本の俳優のステキなところだと思います。むしろアメリカの俳優はそこまでいかない人が多い。アクションでパワフルな人はいてもね。もちろん、トミー・リー・ジョーンズみたいな人もいますよ。彼は素の瞬間も、他のことは一切考えずに目の前にバーンといます。でも、彼みたいなのは少ないいんです。

――奈良橋さんのキャスティングを見ていますと、渡辺謙さんや真田広之さんの時もそうでしたが、その段階では「この人はもっともっと評価されるべき」と思っていた日本の俳優を起用されていると思っていました。それだけに、「アメリカに対して素晴らしいプレゼンテーションをされているな」といつも感心しております。

そこを狙っているわけではないのですが、よくよく考えると「まだまだもっとやれるのに」と思うような役者たちを選んでいますね。

――奈良橋さんはそもそも音楽の世界にいて、そこから演出をやられるようになり、さらにキャスティング・ディレクターをされるようになりました。それは、どのようなお考え

があったのでしょう。

自分自身が演出をやる上で、いい役者とやりたいというのが根っこにあります。それで演劇学校を作ったんです。そうやっていろんな役者が育っていく中で、今度はそれを紹介したいというのがあり、今の仕事に繋がっていきました。

「オーディションを拒むな」

——アメリカ映画では、トップクラスのスターを除くと、名前のある俳優でもオーディションで決まっていきます。日本の俳優はそれをどう受け止めているのでしょう。

『ラストサムライ』の頃は抵抗を感じる方もいたかもしれませんが、今は皆さん慣れてきましたね。やっぱり実績のある方はオーディションって嫌だと思うんです。特に落ちた場合。

でも「落ちた」って思うより「素晴らしいオーディションに参加した」と思うことが大事です。それが次に繋がる場合が絶対にありますから。

だから「落ちても全然へっちゃら」と思って受けていただいたほうがいいですね。アメリカの俳優はみんなそうですよ。みんなパッパ、パッパとやって、全然平気。

――オーディションを受けるだけでも、重要な経験になりますからね。

そうなんです。ですから、チャンスがあるんだったら、できるだけやらせてあげたいと思うんです。アル・パチーノがよく言っていたのは、「オーディションを拒むな」ということです。演出家の前で自分の演技を披露するチャンスなんだから、自分は楽しんでやればいい、と。

――ただ、日本の俳優はハリウッド式のオーディションに慣れていない人も多かったと思います。最初の頃は落選した日本人俳優のケアも大変だったのではないでしょうか。

皆さんにわかっていただきたかったのは、決まる要因は演技の良し悪しだけではないということです。演技が良くても、役に合わないことはあります。落ちたからといって演技がダメということではないんです。別の役に回したら、もっと良くなったということもありますから。そこは、キャスティングの魔法のいちばん面白い点だと思います。

――当人だけでなく、共演者とのバランスもありますからね。

そうしたトータルのバランスなんですよね。この人と組むなら、この人じゃないなとか。

ケミストリーというのはあります。それから、ハリウッド映画の場合は全世界の観客が観るということを忘れてはなりません。彼らからすると、似たような日本人がたくさん出ても見分けはつきません。

——日本の場合は多くの俳優が事務所に所属していますから、そこも交渉の仕方はアメリカと異なってきますよね。

アメリカだと、企画をオンラインに出したら、俳優側もオンラインで全ての情報が一度に全て返ってくるんですよね。そこから選んでいくので、今はすごく楽になっています。でも日本の場合は、まず企画書をちゃんと作って事務所に送る。でも、事務所の中でそれが回ってないこともあるから、電話で確認して。そういう関係構築も大事なんですよね。ですから、アメリカなら一日のことが日本だと十日かかってしまうんです。

——最終的に電話連絡、というのはたしかに日本ではよくありますね。

アメリカの俳優の場合、自分でオンラインをやっているんですよ。そこに全ての情報があります。そこには、今まで自分のやった中でメインな作品のクリップも含まれています。日本の事務所には、それがありません。ですから、この俳優の演技が見たいと思っても、そこからが一苦労なんですよね。

――日本の事務所のプロフィールは通り一遍の経歴しか書かれていないことが多く、これでは選考はしにくい気がします。

それから、アメリカのプロフィールには大事な部分として「どこで誰と訓練したか」ということが必ず書かれています。そこも、大事なヒントです。でも、日本のにはそれが書かれていないの。

――かつては日本でも、この俳優がどこの養成所出身なのかはプロフィールで重視されていましたが、たしかに最近は聞きませんね。

今はそういう教育のことが、何も書かれていないんです。演技はどこで学び、ボイスはここで教わり、殺陣はここで習った。先生はこの人。そういうことがアメリカのプロフィールには書かれています。それがあるだけで、「あ、この人はある程度は信用できるな」ということになりますから。

――ここで習ったのなら、こういうスタイルの演技をする人だなという想定もできます。

そう。大体のことはまずわかるんですよね。

――それだけ、今の日本では基礎段階が軽視されていると言えるかもしれません。

だからこそ、できるだけ舞台を観るようにしています。劇団の人たちは、やっぱりいいものを持っていますよ。オーバーになることもあるんですけど、基礎はもちろんできているし、集中力や役を掘り下げる力は絶対にあるので。

――アメリカとの違いでいいますと、日本のドラマや映画では俳優が掛け持ちをすることが多く、スケジュールを押さえるのが大変だと聞きます。

これが一番の葛藤です。だけど、逆にアメリカ側にも日米ではシステムが違うことを知ってほしい。

アメリカの場合は、映画に出演する場合はスケジュールの優先権があるわけですが、それはその期間は映画にだけ出ていれば十分なお金がもらえるからなんです。

ですから、売れている方は、もうスケジュールがないんです。

でも、日本はそうではありません。CM出演とか他の仕事をして、マネジメントしてもらいながら俳優は生活しています。アメリカ並みにひとつの大きい仕事で多額のお金をもらえたらそういうことはないと思いますが、日本は市場も小さいですし、いろいろな仕事をやらないと生活できないことがほとんどです。

日本の場合は、売れている方を使う場合はお互い譲り合って仲良くやってスケジュールを調整していくわけですよ。でも、アメリカの場合は「これだけ予定を空けておかないと駄目だよ」というシステムです。

その違いを双方に説明して理解してもらわないと、文化の橋渡しはうまくできません。どちらかが我を張ったりとかではなく、それを飲みこんでもらうように持っていくのも、大事な仕事なんです。

私はアメリカの方に「ちょっと待ってください」と言わないといけないこともあります。文化の違い、システムの違い、それらを乗り越えて成立させるためには、ちゃんと話し合って、双方に理解してもらう努力が必要なんです。

二〇二二年五月二日、都内にて

第2章
デジタル時代のアナログ魂

手作りの音で現実よりも本物に聞かせる「音屋の演出家」

音響効果　**柴崎憲治**

映画『この世界の片隅に』

しばさき・けんじ／1955年生まれ、埼玉県出身。アルカブース代表取締役。音響効果の重要性を映画界に認知させた立役者の一人。「日本一多忙な音効マン」の異名も。近年の担当作に『大怪獣のあとしまつ』『死刑にいたる病』『峠　最後のサムライ』『BLUE GIANT』など。

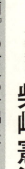

アニメーション映画『この世界の片隅に』（片渕須直監督、二〇一六年）では、戦時中の生活風俗が事細かく描き込まれていた。そして、作品の情感をさらに高めていたのが、そうした日常空間から聞こえてくる生活にまつわる効果音の数々だ。その音は、どのように作られていったのか——。音響効果を担当した柴崎憲治氏にうかがった。

世界観を「音」で表現する

——まず意識されたのは、どのような点でしょうか。

僕の親世代が経験してきた、人同士のふれあい方が少しでも垣間見える音になればいいかなというのが、まずはありました。

隣の家に醤油を借りるなど、人と人との距離が昔は近かったはずなんです。そういう世界観を上手く音で表現できたらなというのがありました。

——冒頭から、カモメの鳴き声に人々の雑踏。さまざまな生活や自然の音が入っています。そこは狙いがありましたか？

はい。かなり考えました。平和な広島という町の小さな商店街。そこにはいろんな人も鳥もいて、自然と人間が関わる距離がものすごく近い。

それに瀬戸内海って穏やかなんですよね。人も海も非常に柔らかい。そういう世界観を音で表現しようと意識していました。

だからこそ、商店街も懐かしく作りたかったんです。いつも人が行き交っていて、そのザワザワしたところに物売りの声が響く。そこに古びた自転車の音などを入れて時代を感じさせようとしました。

自転車の音一つ、車の音一つでも今とは違います。車でいえば、木炭車が走っていたし、自転車も今のようなちゃんとした自転車ではなくて、チューブのない自転車が走っていたり。

——ただ、そうした現物は今はないですよね。そういう場合、音はどのようにつけるのでしょう。

「フォーリー」といって、スタジオで新たに効果音を録ります。たとえば古い自転車の音でしたら、ちょっとチェーンがタイヤに当たってバランスが悪くなって、ガチャガチャした軋《きし》みが多くなっている自転車を実際に動かして、その音を録る。それで古い感じが出るわけです。本当はその当時も、実は自転車だってそんなに古くないわけですよ。でも、そういう音を作ることによって時代の距離感といいますか、「今とは違うよ」ということを表現するわけです。

——たしかに、そうした音によって再現性というよりも、ノスタルジックな郷愁が出ていました。

©こうの史代・コアミックス／「この世界の片隅に」製作委員会

今風になることを避けて作った一つ一つが、音を出すことによってその当時の雰囲気を出せればと思っていました。そこは『ALWAYS 三丁目の夕日』（二〇〇五年）をやった時と同じですね。

それは、歩く音も同じです。その頃は革靴とかもあまりない時代。下駄だったり、草履だったり。草履も草鞋《わらじ》に近いものを履いていた人もいるでしょう。そういうのも含めて、音にする時は気をつけていました。

下駄も、素材が桐なのか樫なのかによって音って全く違いますから。女性用の下駄は桐下駄があったりするけども、男性用とは違います。しかも、『この世界の片隅に』は近代劇で七十年昔の話なので、その当時のことを覚えている人が大勢いるんですよね。だから、「違う音」だったら気づかれてしまいます。そういう面でも、ものすごく気を遣いますね。時代劇の方が、そこはかえって楽ですよね。「実際の音」を誰も知らないわけですから。

――その時代を知っている人が耳にして違和感を覚えると、その人は作品の中に入っていきにくくなりますからね。

そうなんです。これは『男たちの大和　ＹＡＭＡＴＯ』（二〇〇五年）の時の話なのですが。ウチのカミさんが私のやった仕事を久しぶりに映画館へ観に行ったんです。すると、元海軍のおじいさんが隣に座っていまして。「魚雷の音が違う」と言うんです。たしかに、あれは米軍のライブラリーから使っていました。それを聞き分けているんです。

その時代に海軍で生きていた人は、それが敵の音なのか味方の音なのか、把握していたんでしょうね。

——たしかに、魚雷の音、砲弾の音、その一つ一つが自分たちの艦、ひいては自身の命に関わるわけですからね。

ですから、アメリカの魚雷と日本の魚雷の音は、どうも違うらしいんです。日本の魚雷はあまり泡立ちはしない。だから、あれは向こうの魚雷の音だと。だから、ある程度は作らないとダメなんだと改めて思いました。

でも、全てを「リアルな音」にするかというと、そういうことではないんです。何より映画としてちゃんと面白く見せなくてはいけません。

——たとえば、『この世界～』ではどの辺りをフィクショナルにしていますか？

水桶を担ぐ天秤棒の音がそうですね。作中ではギシギシいいますが、実際は音なんてしませんよ。でも、「当時はこういう生活をこ

©こうの史代・コアミックス／「この世界の片隅に」製作委員会

の人たちがしていたんだよ」ということをハッキリ伝えるためには、そういう音は足していくんです。かまどの音もそうです。実際はあんなにバチバチいわないですよ。料理でも包丁の音は誇張しています。

――今はもうない生活風俗ですから、そうした誇張をしないと伝わらない恐れがありますからね。

そうなんです。かまどなんて、今の若い人はほとんど見たことがないと思います。僕らのガキの頃ですら、あまりなくなっていましたから。それでも、昔は餅をつく時でも、かまどで餅米をふかしているのは見ていましたから、少しはわかっているんです。どこか染みついているんですよね。特に僕が住んでたのは田舎だったので、道路も砂利でしたし。

――そこは、今の若い観客は断絶している部分ですね。

ですので「画」だけだと、観客も「え、これ何？」ってなりかねないんですよね。何をしているかわかるためには、その「音」が必要なんです。

効果音は状況説明を担う

——前半では遠くから波の音が聞こえてくるのも印象的でした。画として映っているものだけでなく、映っていないものにも音を入れています。

主人公の生まれた家は海苔業者をやっています。海が近いわけです。ですから、ああいう音が聞こえるようにしました。

ところが、嫁いだ先は山の上なんです。呉には『男たちの大和　ＹＡＭＡＴＯ』撮影時に一度行ったことがあり、あの辺りの地形は頭に入っていましたが、『孤狼の血』（二〇一八年）という同じ呉を舞台にした映画も担当した時に、記憶の確認のために『この世界の～』と同じ山に上がってみたんです。

すると、いざ行ってみると音の聞こえ方が全く違うんです。俯瞰で港が見えるのですが、音はというと、鳥の声とかは聞こえるけども、海の音なんて聞こえないんですよ。

——音によって、主人公の生活環境の変化を伝えられるわけですね。それで序盤には映っていなくとも波の音を入れたわけですね。

最初の頃は船で町に行きます。広島は川沿いに町ができていて、餌場があるので水鳥がいます。ですから、生活場面には水鳥の鳴き声を入れています。そして山に移った時には、聞こえてくる鳥の鳴き声を変えるわけです。
効果音は、場所を説明したり、時間経過を表現するなど、ある面では状況説明の役割を担います。そこは、音楽が担うエモーショナルな部分と異なります。

――その音を自然と観客に伝えるためには、どのような工夫をされていますか？

観ている側を音で自然と包み込むというやり方が一番いいかなと思っています。スピーカーを全て使い、サラウンドで様々な音を入れるということです。例えば山の場面では、風だったり、鳥だったり、木の葉が揺れたりとか、そういういろいろな音で包み込んであげるということです。

――多様な音で構成するというのが重要なんですね。

人間の生きている場所って、様々な音が重なっていますからね。車が走っているからといって、車の音だけ聞こえるわけではありません。自転車に乗っている人がいればそういう音も聞こえるし、町の中にも人の歩く音があり、店によっては音楽を流しているかもしれない。
そういうものが一体となっていろんな方向から聞こえることによって、環境が作られていくと思うんです。その環境を作るのが効果音の役割ですから、観客が自然に入り込んでくれたら、効果音とすれば「勝ちだぜ」と、いつも思っています。

――そうした表現ができるようになったのは、機材の進化も大きいのでしょうか。

そうですね。昔はモノラルだったから、劇場の前からしか音を出せませんでした。それが今はドルビーアトモスというやり方で周囲から音を出せますから、そういう環境作りが音で表現できるんです。

フォーリー・アーティストが出す音

――映画の冒頭は舟をこぐギイコギイコという音から入っています。

あれも作った音なんです。実際の櫓《ろ》はあんな音はしませんから。そもそも軋まないですし、グリスを塗れば音はしないんです。

ただ、あの音を入れることによって、舟が動いてる感覚が出るんです。主人公の「すず」がそこに乗って動かしてもらっているという、日常の生活があの音一つにもあるわけです。彼女にとっては川を渡って町に行くというのがとても大切な日常なわけですから、音だってそういう風に作っていかないといけないんです。

――実際の櫓は音がしないとすると、あの音はどのように？

木と木をすり合わせて櫓の音を出す効果音用の道具が昔からあるんです。ですから、あれは実際に木を使って作っています。

――デジタルが万能と思われがちな時代ですが、アナログの技術が役に立つんですね。

そうです、アナログです。デジタルで作った音は、しょせんはそれだけの音なんです。生活感のある音は、やっぱり自分が動いて出さないといけません。

それは足音にしても、そうです。すずが歩く時に衣擦れの音がすると思いますが、それも人間が同じ動きを全部実際に行い、その音を録っているんです。それを専門にしているフォーリー・アーティストという人がいます。

――現実ではその音は聞こえないとしても、音そのものは現実のように作っている、と。

ええ。アニメっぽくしたくないというのが僕の中にはあります。より理想を言えば、本当に人間が動いているリアリティでやりたい。ただ、その現実以上に誇張してあげないといけないわけです。アニメの動きは実際の人間が動いているものとは違いますから。

だから、「リアル」にした方がかえって嘘くさくなるんですよね。そういう点でもアニメの方が実写より手間がかかるんですよ、

——しかも、実写だと撮影現場の音を録音技師が録ることができますが、アニメは音は全て作らないといけないわけですからね。

そうなんです。ですから、歩くときの衣擦れから何から、全てやっているわけです。

——あれだけ多くの音が一つのシーンにありながら、邪魔し合っていません。そこはどう工夫を?

バランスですね。一つ一つが出過ぎないように、抑え過ぎないようにしています。スタジオに入ったら、音を全て並べて、それぞれのバランスをとってあげるんです。ある音が聞こえたり聞こえなかったりするのは、そういう作業をやるからです。

——たしかに、たとえば足音でいっても、場面によって聞こえたり聞こえなかったりします。

実際、人間って集中していたりすると、その空間にある全ての音は聞こえないでしょう。だから、足音にしても全てのシーンで聞こえていたらおかしいわけです。そういうのは計

算してやっていかないといけません。

それから、片渕監督のホンもちゃんとしていますからね。セリフの間合い、表現力、それに画の表現力、それをこちらも感じ取ってあげないと。これはこちらの一方通行ではいけませんから。

高い音が入ると危険な匂いが出る

——米軍の戦闘機が飛来し、機銃掃射してくる時の音の怖さはとてもインパクトがありました。

あれは、アメリカにあるライブラリーに実際のグラマン（艦上戦闘機）の音があるんです。その音に『男たちの大和　ＹＡＭＡＴＯ』の時に使った十二・七ミリの機関銃による金属音を足しています。グラマンは飛ぶ時に真鍮《しんちゅう》の薬莢《やっきょう》を落としていくんです。やっぱり金属のキンキンする音は怖いですね。

——焼夷弾の落ちてくる音も怖かったです。

実際の焼夷弾は、ヒューーヒューーという音で落ちないそうです。実際に空襲を経験した人に聞いてみたら、「あれはな、鉄片が落ちるんだ」と。鉄の破片がバラバラ、ガチャガチャって落ちるような音なんだと言われまして。そこはすごく反省していますね。

ただ、それでもそこは「嘘」でもいいから、ああいうヒューッという音にしないといけないんですよ。人の恐怖感を煽らないといけませんから。弾がバラバラと落ち、バンと火がつき、バアーッと燃え広がるだけだと「これは怖いものだ」とわからないんです。

――たしかに、あの一瞬だけ入るヒューッという音によって、死が間近にある恐怖が伝わってきました。

そう、怖いでしょう。ああいう高い音が入ることによって、危険な匂いが出るんですよね。人に恐怖感を与える音っていうのかな。それを使うことで、戦争がいかに怖いものかっていうのをわかってほしかったんです。

――実際にはあのヒューッという音が出ないとすると、どのように作られたのでしょうか。

銃を撃った時の擦過音や弾道音がライブラリーにあるんです。そこに、風切り音を足しています。風のピューッという唸りの音を録って、そのピッチを後で変えることで、作中の音にしています。

ヒューンという音だけでも二、三種類の音があるんです。それを広げたり狭めたりしながら、金属音を足したりして。

それは「作られた世界」なわけですが、大事なのは、観る人にとってそれがさも本物のように聞こえることなんです。爆弾の怖さ、焼夷弾の怖さ、ひいては戦争の怖さを、あの音から感じ取ってくれたらいいと思っていました。

――破片が屋根瓦を砕く音も衝撃的です。

あれは本物の瓦をハンマーで叩き割った音です。実際に録っていないとああいう音にはならないんですよ。実際にやることで音の層を厚くして、そこにガシャッという破片が当たる音を別に足しています。

――そこもアナログの音が基本にあるんですね。

あの作品は相当にアナログでしょうね。アニメだからといってリアルな音を排除しない。より徹底的にリアルにやっていうのが最初のテーマでした。

耳で感じる音、体で感じる音

――大砲の重低音もすごい迫力でした。以前、私が片渕監督にうかがったお話ですと、大砲の音を録るために柴崎さんは自衛隊の演習に行ったということでしたが――。

実は、たまたま別の作品で自衛隊の演習を見る機会があって、しめしめと飛んでいったんです。

それで戦車砲を実際にぶっぱなす音とかを聞いたわけです。空気が振動するんです。振動すると、もう耳をつんざく音になる。何せ三十メーターちょっとぐらいの距離で見ていますから。

実際の音を録るというよりも体感しに行ったんです。音を体感することによって、自分の中でのリアルが見えてくるんですよね。片渕監督には「ちょうどいいから行ってきたよ」と言ったのですが、それがちょっと違って伝わったみたいですね。まあ実際にその音を聞いてきたことには違いないので、それでいいかとは思っていますが。

――実際の体感を、劇中の音にはどのように活かされましたか？

空気が振動するということは、低い音をどう使うかが大事になってくるんです。

まず低い音をちゃんと響かせて、どのように音圧を出すか。その周波数帯を選ぶのに苦労しましたね。最終的には、五十から六十、八十ヘルツぐらいの低い音と百から百五十ヘルツぐらいの帯域の音、その二つの音を合わせています。

「低い」と体で感じる音と、耳で感じ取る音って違うんです。五十、六十ヘルツぐらいのものは体感する音です。それをうまく使いながら、少し乾いた音は千ヘルツぐらいの音をきちっと聞かせる。あとはバランスです。音として三つぐらいの要素を全部作っています。

だから、これは本物を録ってもこういう音にはならないんですよ。

——実際に体感された重低音と、それだけでは耳に入りにくいから機械的な金属音を混ぜた、と。

そうですね。まずは体感に近づけることから考えました。

それは機銃掃射の描写も同じです。何発かバアーッと撃った時に、バリバリバリッ！という音がします。それは爆発というよりは、壊れていくような音でした。

それを表現するために、音を歪ませているんです。実際に録ってきた音も歪んでいましたが、そこに低い音を加えて、音のふくらみを作り直しているんですよ。なるべく嘘くさくならないようにするために。

「無音」も一つの音

――自然の音、生活の音、兵器の音、さまざまな音に彩られた作品ですが、無音になる瞬間があります。それは、物語の重要な分岐点となる、不発弾が爆発する場面です。なぜ、ここで、無音とされたのでしょうか。

あの場面は、最初は音を入れていたんですよ。爆発の音なども全てつけていました。ですが片渕監督とも相談した上で、「音をつけるのはやめよう」ということになったんです。音がないほうが、あの衝撃的な世界観が出ますから。

花火のようなチチチっていう音を入れたのは監督の発想です。実際に音をつけたのは僕だけども、ああいう感じにしたいと言い始めたのは監督です。あそこで幻想的な、別の世界にひきこまれてしまうのは、爆発がなくてもわかるだろうという話になったのです。「静かな中であの世界に入ったほうが、より戦争の残酷さが出るんじゃないの」と監督と話をしました。

「真っ暗な画」というのがいいじゃないですか。それは「お先真っ暗」ということですよ、それに音をつけると、あの印象が弱くなっちゃうんですよ。音がないことによってインパクトが出てくる。

——作品にとって最重要な場面ですから、そこは監督も柴崎さんも大事な選択になってきますね。

だから、監督もそこはものすごく考えていたと思うんです。多分、迷ったんじゃないですかね。

——一度音を入れてみたからこそ「必要ない」と気づけた、と。

必ず一度はやってみるんですよ。音をつけてみないとわからない時があるんです。最初から音を引いてしまうのは変ですから。

繋いでいた手がなくなり、子どもも死んでしまう——その現実を受け入れることができない表現として「暗闇」があるので、音では表現しなくてもいいと思いました。「沈黙」で表現するのも、それは一つの音の表現じゃないかと。音がないことも音ですから。

音をつけるばかりが音じゃないんです。そこは監督もわかっていたと思いますよ。

といっても、無音というのは何か所も使えないんですよね。一つの映画で一か所か二か所。それで初めて効果的になる効果音として役に立つという気がします。

音がすべてあることが音でもないし、無音でも音がないということではないんですよ。

――『この世界～』の戦争音で感じたのは、『プライベート・ライアン』（一九九八年）の冒頭に近い恐怖です。一つ一つの銃弾の音が死を予感させる、そんなリアルで恐ろしい金属音があちこちから飛んでくる。

あれは僕も勉強しました。ゲイリー・ライドストロムの効果音の構成の仕方は素晴らしいと思って観ていました。

――音そのものだけでなく、「効果音の構成」もあるんですね。

押したり引いたりがうまいんです。バババッと銃弾の音がしたと思ったら、今度は水の中に入って静かになる。その後顔が水から出るとまたワアーッと来る。そういうメリハリが上手いんですよ。

――それは監督だけではなく、そういった効果音の人たちの創意工夫によるものなんですね。

やっぱり、そこはサウンドデザイナーですよね。監督一人の発想では、ああはいかないです。

音で芝居がもっと浮き出す

――アイデアを発想する源泉は、どのように培われていますか？

日常ですね。ぼーっと街の中にいたりすると、たとえば新宿だとこの時間に小田急のチャイムが鳴るんだよな、とか。新宿の街、銀座の街、それぞれに音があるんですよね。電車の発着音を聞いてみたりとかすると、京成線のモーター音はドレミの音だと気づいたり。そういうのを若い頃はよくやっていました。

――日頃のアンテナが大事なんですね。

この仕事は広く浅く物事を知っておかないといけませんからね。今の人間が生活をどのようにしているのか、ある程度は把握していないといけないんじゃないかという気がするんです。

――先ほど、『男たちの大和　YAMATO』や『孤狼の血』で呉に行かれたとおっしゃっていましたが、効果音のためのロケハンは他の作品でもなさるのでしょうか。

もちろん、やりますよ。時代ごとに音は変わりますから。若い時に録った音をライブラリーに持っていたりしますが、たとえば今の銀座の音、今の秋葉原の音はまた違いますからね。実際に行かないとダメなんですよ。そういう現地の音を聞きつつ、でもそこで録った音はそのままは使わないということです。

——雑踏の音一つとっても、街ごとに特色は違うでしょうしね。

若い連中が集まるような原宿とかと巣鴨は違うし、巣鴨と上野もまた全然別ですからね。そういうのは常に考えておく必要があります。

——その上で、そのシーンに合った音を作り出していく、と。

それの方が面白いんですよ。こんなのを使っていいのかなというのが面白いんです。たとえば、緊張感のある場面で「小学生の下校の時間です」という呑気なアナウンスが町に流れたり。そういうのも、音としての一つの演出ですよね。ピリピリした芝居をしている後ろで、そういう音が流れたりすると、うまくいけばその芝居がもっと浮き出すようになるんですよ。

——この画にどういった音を入れるかというアイデアは、どの段階で考えられているので

しょう。

ホンを読む段階で、「ああ、こんな生活かな」「情景としてはこういうことかな」ということを想像しながら読んでいますね。たとえば司馬遼太郎原作の『関ヶ原』（二〇一七年）では、こんな広い居間でこういう話をするんだろうという画を思い浮かべたり。これはクセなんですよね。それはアニメも実写も関係ないです。

――職業柄として身につけられているわけですね。

悲しい性《さが》みたいになってはいます。何を読んでも「ああ、こういう画だな」とまず考えてしまう。それがうまく裏切られて「こんな撮り方をするんだ」「こんな切り取り方をするんだ」となった時は嬉しいですね。

――ということは、早い段階から音のイメージは作られているのでしょうか。

そうです。もちろん、画を観てからというのもありますよ。ただ、アニメの場合はなかなか色がつかなかったりとか、動きがまだできてなかったりとかすることがあるんですよね。そういう時は「こういうことなんだろうな」と自分で咀嚼《そしゃく》しながらやっています。

作業室では大音量で音を確かめて作業するので、部屋中に防音対策をしている

音響効果も演出的な仕事

――ただ、たとえば宇宙を舞台にしたSF作品のような、日常に暮らしているとどんな音なのか想像もつかない器具や兵器が出てきますよね。そうした音はどうされていますか。

そこは想像力ですね。これは、こんな音がするんだろうと。以前、実写版の『宇宙戦艦ヤマト』（『SPACE BATTLESHIP ヤマト』二〇一〇年）をやった時は、部屋のノイズなんかは電気的な信号の音を入れたりしました。ヤマトが宇宙を飛ぶときには「ゴー」という低い音を別に作ったりとか。それはジェット機のようなエンジンの回転音ではなく、ロケットが打ち上がるときに静かにグーッと動く低い音を、シンセサイザー的なものを使って作っています。

――お話をうかがっていて、音響効果もまた演出的な仕事なのだと知ることができました。

音屋としての演出家ですかね。僕自身は職人だと思っているんですよ。一人で、自分のやるべきことに全力を尽くす。ものを作る人間は、みんなそうだと思っています。職人であることに、僕らの誇りがあるような気がするんです

僕は「映画という娯楽を作っている職人だ」と、ずっと思ってやってきました。

――それにしても、一つ一つの作品にとんでもない手間暇をかけられているんですね。

フォーリーが三人くらいいて、僕が音をつけて、足元の編集なんかを含めると、五、六人はいないとできませんね。

――逆に、五、六人であれだけの作業ができていることに驚きます。

そう、少ないんですよ。アメリカだったら何十人もいます。それが日本の現状なんです。だから、嫌な言葉ですが根性論にならざるをえません。これは本当に情けない話です。クリエイティブなことをするなら人数をもっと増やさないといけないのですが、人がいない

んです。

――これは、日本の現場全てに共通する問題ですね。

でも、これは育ててこなかった僕らにも責任はあります。個人の力で育てるしかないんです。今の日本の環境では、大きな組織で育てられません。僕らの時代は、撮影所の効果マンがいました。撮影所の社員として効果マンが十何人といた時代がありました。僕らはその最後なんです。そこを撮影所が切り離してしまった。独立させて自力でやらせるようになって。でも、そこから出せる給料なんてのは微々たるものです、だから、育つ人がどんどん少なくなっちゃった。

――これは私も由々しき問題だと認識しています。

みんなフリーランスになっちゃった。そうすると安いでしょう。つらいでしょう。大変なだけなんです。楽しみがなくなっちゃうので。だから、そういう楽しみのある仕事を僕らが責任もって提供していかないといけないんでしょうけど。なかなか難しい。そういう面での責任は感じています。技術者を育てないと、いいものはできないですよ。

二〇二一年四月一四日、都内にて

「血しぶき」から「群集」までCGで実写よりリアルに作り込む

VFXディレクター

白石哲也

映画『るろうに剣心』シリーズ、ドラマ『全裸監督2』

しらいし・てつや／株式会社Spade&Co.VFXディレクター。映画・テレビドラマのVFXを担当。代表作は『るろうに剣心』シリーズほか、『マスカレード・ホテル』『孤狼の血』『全裸監督』ほか多数。

二〇二一年に公開された映画『るろうに剣心 最終章 The Beginning』（大友啓史監督）のアクション――特にラストの雪の中での決闘における血の表現は時代劇史上でも屈指なほどに美しく、「激しさ」を重視しがちだったそれまでの同シリーズと明らかに一線を画すものがあった。

中でも剣心（佐藤健）が巴（有村架純）を斬った際に巴から舞い上がる血は、悲劇の結末を彩る悲壮美に満ちていた。

人気のシリーズの最後を見事に締めくくっていたこの「血しぶき」を作ったのは、VFX（ビジュアル・エフェクツ＝視覚効果）ディレクターの白石哲也氏をはじめとするCG（コンピュータ・グラフィックス）チームの手によるものである。

ひたすら「血の素材」を撮る

コロナで公開が延期になったことで、「そういう時間はあるなら、もっといろいろやっちゃおう」と、あのシーンを追求する時間もできたんです。納期の中でできるだけのことはやりたいと思ってやってきましたが、時間に制限もあるので。その中で一番よい選択をするしかないわけです。延期によって、その選択肢が広がりました。

そこでまずこだわったのは、巴から最初に血が出るところです。鮮烈に見せたかったので、「破裂する血」みたいな表現を多めに入れています。

――まず血の出方によって観る側をハッと驚かせるわけですね。

剣心が巴を斬ったという衝撃的なシーンですから、血でもその衝撃を表現したかった。リアリティはもちろん重視していましたが、ここは鮮烈さが大事だと思いまして……。

――たしかに、それによって「取り返しのつかないことになった」という状況がビジュアルとしてハッキリと伝わってきます。

剣心は死ぬ想いでその一撃を繰り出して、その一撃を巴が受け、もう助かる見込みがないほどに血が出てしまった。あそこは、そこまで持っていかなきゃいけなかったんです。

――そこでハッとさせておいて、今度は静かに死に向かっていきます。空中を血が舞い、雪の上を血が流れる。「これぞ時代劇」というべき美しさでした。

破裂するように飛び出した血でインパクトを出して、お客さんをハッとさせる。それが引きの画になった時に細かく散っていくことで、「血の涙」といいますか、そういう見せ

『るろうに剣心　最終章 The Beginning』で剣心（佐藤健）が巴（有村架純）を斬った際の血しぶきシーン

方をしたかったんです。ふわーっと儚げに散って、雪の中に染み込んでいく……みたいな。

ここはそもそもの画も綺麗でしたので、この構図を邪魔しないように繊細に血を入れていこうという想いがありました。巴が倒れる動きに合わせて、ちょこっとだけ血が出たりとか。

巴が斬られてスローモーションで血が流れていくわけですが、あのシーンは監督からは「できるなら、もう少し血を増やしてほしい」とか、細かくご意見をいただいていました。ですから、あそこは本当に時間のギリギリまで追求して作りました。

——大友監督からは他にも指示はありましたか？

人斬りの話ですから、大友監督としては全体的に血の量を増やして、血の表現によって剣心の怖さを見せたいというのが前提としてありました。僕ら、ＣＧチームの方で汲み取って、映画の雰囲気を壊さないように、細かくカットに応じて見せ方を調整していく必要がありました。本編撮影後に現場チームに相談し、血の素材を含めた大規模な素材撮影を行いました。

——「血の素材」ですか！

３ＤのＣＧでゼロから作るのではなく、血液素材みたいなものを空気圧縮して、コンプレッサーで出すわけです。それをグリーンバックで何パターンも撮って、それを後からシーンに合わせました。

本編の撮影を撮り終えた段階で「こういうところに血を足したい」というイメージは僕の中にできていたので、特にキーになるショットに関してはカットに角度を合わせて撮っています。

——そうなると、コンプレッサーを使った血の出し方にも指示を？

とりあえず出せばいいのではなく、風情も大事になりますからね。量、強さ、噴き出し方、何度もトライしながら見え方を探りました。長く出過ぎてもリアルではありません。シュパッとその瞬間に出る時間まで計算しながら。

——CGというと全てパソコンで処理しているとイメージされがちですが、実はアナログ技術も多用しているんですね。

血を足すということにおいては、ゼロから3DCGで作ることもできます。ただ、実際に斬られて血が出る——その重力とか噴き出し方とかは実際に飛ばしてみて、それにライトを当てて、そのシーンの雰囲気に合うように撮るのが一番クオリティが高いですし、コストもかからないんです。

3DCGでゼロからやると、シミュレーションして試行錯誤しているうちに無駄に時間が過ぎていく。それで上手くいけばいいんですが、上手くいかないとコストが非常にかかってしまう。

それに、リアルに見えなくなることが一番怖いわけです。なので、現場で撮れる素材があれば、そこでトライしてみることにしています。大爆発とかになるとCGじゃないと難しいですが、その時の煙とか火の粉とかは実際に撮ったのを使った方がいい。雪とか、ほこりとか、そして噴き出す血も同じです。

――たしかに、それらは人間の予想できないランダムな動きをしますからね。

狙って作ることもできるんですが。どうしてもCGで作ると動きをこちらでコントロールすることになるので、予想を超えたようなランダムな動きの綺麗さとかリアルさがなかなか出しにくいんですよね。

「赤い血」の方向には作らない

――「雪の上を血が流れる」という描写も印象的でしたが、あれも素材を撮られたのでしょうか。

たとえば剣心とか巴とかが斬られて血が垂れるとか、途中で手が斬られる敵がいます。手が斬れた状態で歩くと、雪の上に血がどんどん垂れていくんですよね。そうやって雪の上を血が流れていく場合、単純に壁とか床とかの平面に血を垂らして撮っても「雪に染み込んだ血」という表現ができないと思いました。それで、雪っぽい素材を下に敷いていただいて流しています。

――雪の中に染みていくこともあるわけですからね。血の流れも、やはりランダムということになる。

雪には凹凸感があるので、そこを通ることによって血の表情も変わっていきます。その辺のリアリティは求めましたね。何もない平坦なところに血を流しちゃうと、そういう微妙な細かい表現が出なくて。

――その場合の血の色も難しいですよね。赤過ぎると嘘っぽくなったり、残酷になったりします。本作では少し黒味が入り、雪とのコントラストが抜群でした。

映倫の問題もありますので、鮮血といいますか、「赤い血」の方向には作らないようにしました。ちょっとどす黒いというか、それが作品全体のトーンにも合っていたので。カットによっては黒く見え過ぎる部分もあるんですが、そういうカットは量を増やして「血」だと認識できるようにしたりとか、明るく見える部分は量を減らして細かいしぶきをメインにしたりとか、カットによってバランス調整を追求しました。

ただ、黒くしちゃうと陰影がどんどんなくなってしまうので、暗い中でもちゃんとハイライトを入れています。ハイライトがないと、平面的というか乾いた感じになってしまいます。

――血というのは生命感も必要ですからね。

ちゃんと斬られて血が出た、というシズル感といいますか。微妙な差ではあるのですが、生々しさをリアルに追求するためにそこも細かくやりました。

――血の出方、美しさとリアルさのバランスが見事でした。意識されたポイントはありますか?

人斬りである剣心の強さとスピード感を重視しました。

今回はワンカットに対して最低でも三素材から四素材を撮っています。広がって飛んでいく血もあれば、シュパッと素早く細かく消えていく血もあります。そうした素材を剣心の動きに合わせて組み合わせていったんです。単純じゃない血の出方といいますか、動きのスピード感に合った出方を追求していったので、それが結果として、いいバランスになったんだと思うんです。

「雪に染み込んだ血」の表現を実写で何度も追求した

——個々の血の量も的確だったように思えます。

血が出過ぎて笑われてしまうことは絶対に避けなくてはなりませんでした。そのバランスは細かく追求しています。ただ、剣心のアクションがとにかくカッコよかったので、その動きに合わせていけば変なことにはならないという安心感もありましたね。

——やはり、ベースの殺陣あってこそなんですね。

やはり、そこですね。殺陣の部分がぬるいと、血だけシュパッと出ても変ですから。だからといって、ゆっくり出したら出したで、今度は多く出し過ぎた感じに見えちゃうんです。ですから、そこは僕らだけの力ではなく、アクションシーンの殺陣のうまさとかが絡み合って、これが作り上げられたんだと思います。

――血の表現に関しまして、大友監督とはどのようにイメージを擦り合わせていきましたか？

まずは、僕たちCGチームのイメージで作って監督にお見せして、いいか悪いか判断していただきました。基本的に僕がディレクターとして血の量だったり、見せ方をコントロールしていました。そうやって全体の統一感を細かく突き詰めて、その上で自信を持って出した画をチェックしていただくという流れでしたね。ですから、僕の趣味みたいな部分もかなり入っちゃってはいます。

――白石さんとしましても、イメージしやすいところがあったのでしょうか。

僕の年齢的に、ちょうど週刊少年ジャンプで『るろうに剣心』の原作を連載で読んでいるんですよね。まずは、そのイメージが強く残っていたというのがあります。それで、監督からもワンカットごとに細かい指示を今回はいただいていなかったんですよね。前作でもずっと一緒にやっていただいていたので、信頼してもらえていたんだと思います。

実写に勝るものはない

――このシーンは血だけでなく、雪の降らせ方も抜群だったと思います。これも、CGだからといって均一な降り方になってしまっては嘘っぽくなります。テレビの時代劇などでは実際にそうなってしまっている作品も少なくありません。

雪も降っていて、血も確認できて、というバランスを意識しました。実際に降らせている場面もありますし、シーンを統一するために足してもいます。これも雪素材をいろいろ撮影させていただいて、その素材を使いましたね。撮る時は実際に風を吹かせて、その方向を変えてあげたりしながら、何パターンも撮っています。かなり風の強いシーンですから。

――ここでも実写を活用しているんですね。

実際に撮れるなら、できるだけ撮った方がいいと思うんです。撮ってみて足りない部分は補いますが、ベースにはやはりリアルな雪が必要なんです。実写に勝るものはないですから。

――たしかに、ランダムな動きだからこその情感はアニメと実写の最大の違いかもしれません。

アニメにはアニメのカッコ良さがあります。でも、実際にそこにいる息遣いとか雰囲気は実写ならではなんですよね。たとえば東京が大火で燃えるシーンで火の粉や煙が舞っているとかそういうのを入れるだけで臨場感が増すんですよね。自分が本当にそこにいるかのような見せ方が、僕にとっての理想だったりします。

――爆発シーンの素材はどのように撮っているのでしょう。

これも、実写で行けるところまでは行ってますね。派手な爆発をいろいろと撮らせてもらいました。大まかなのはCGを作りやすいんです。でも、燃料に引火して細かいしぶきみたいなのが飛ぶ場合、それはCGでは狙って作れないんですよね。なので、火、煙、爆破はなるべく素材を撮っています。

――素材撮りも含めると、スケジュール調整は本編スタッフたちも含めて細かくする必要がありますね。

この作品はCG合成が多いから、これぐらいの時間が必要だよね……というのをまず大まかに把握します。それでプロデューサーさんと弊社代表のスーパーバイザーがスケジュール感を最初に出して。そこから実際の工程が始まり、僕も作業を始め、そうすると「これくらいかかるね」というのが大体わかってくるので、そこから微調整をしていきます。

——素材撮影のスケジュールはどのタイミングで伝えているのでしょうか。

ＣＧ部としましては「こういう素材を撮りたい」というのは早めに伝えるようにしています。本編の撮影が終わるタイミングで、そこまでにまとめていた素材リストをもとに素材撮影期間を作っていただき、一気に素材撮影を行いました。

——この場面にこういう素材が必要だな、というのはどの段階で判断されるのでしょう。

常に現場にはＣＧを管理しているスタッフがいまして、「こういうカットを撮ったから、後々こういう素材を撮らないといけない」みたいな相談を随時受けています。撮影しながらそれをリストにまとめていって、僕も実際に撮影された画を観て、「それならこういう画を撮らないといけないね」ということで、美術さんに必要なものを準備してもらって。撮影と並行しながら、そういうまとめをしています。

『全裸監督2』の渋谷スクランブル交差点

――白石さんのチームは、ネットフリックスで配信されて大きな話題を呼んだ『全裸監督2』（二〇二一年）の合成も担当しています。劇中でリアルに映し出された一九八〇年代の渋谷スクランブル交差点の映像がどのように作られたのかを聞かせてください。

建物に関してはCGで相当に作り込める時代になっています。むしろセットの方が作りもの感が出てしまう。大きいものになればなるほど、ディテールの細かさが出ないんです。

――CGの方がリアル、という時代になっているんですね。

たとえば交差点にある銀の看板。ただのスチールっぽい質感にすると綺麗に映り過ぎてしまいます。そこでCG側で錆び感を入れたり、反射率を下げたり。それから周りのガラス窓や壁にも汚しを入れるわけです。

――そうすると経年劣化の感じが出てきてリアルに映る、と。

そうです。大事なのは「むら感」ですね。CGだからといって単純にやってしまうと、均一で凹凸がなくなってしまいます。

――一つ一つ、細かく描き込んでいるんですね……。

光の入り具合一つでリアリティが変わってきますから。

――コンピューターを使っているといっても、技術者の心配り一つで差が出るんですね。

ＣＧチームがどれだけ細かい部分まで追求してモデリングやルックの調整をしていくかが大事です。そこには個々のスタッフの個性も表れてきています。

――それだけ、作り手の心配りが大事なわけですね。かつての映画人に通じる職人魂を感じます。

ツールが変わっただけなんだと思います。ＣＧのスタッフはたくさんいますが、汚しにこだわる人もいれば、ライティングにこだわる人もいる。ディレクターはその個性を選んでいくわけです。ですから、組み合わせによって、同じ映画でも違うものになるはずです。関わるスタッフのスキルやセンスがかなり影響されてくるので。

――ディテールを作る上で、時代考証はどうされましたか。

当時を知っている人が「懐かしいね」と思えるような雰囲気を作ることを大事にしました。そのためには当時の資料を集めまくって、なるべく忠実に再現しようとしましたね。

そこには時間をかけました。再現することを目標に頑張る、みたいな。

――そう昔の話ではないので、視聴者も含めて経験しているわけですからね。嘘がつきにくい。

ただ、意外と資料はないいんです。もう少し前の時代なら資料集や資料館があるんですが、微妙にそういうのがない時期ですから。それだけに、資料集めには苦労しました。そこで、その時期に撮影された映画で、渋谷や新宿のシーンがあったら、そこを参考にしてみたり。

――『全裸監督2』では交差点を歩く人数もたくさんいますが、実際の人間なのでしょうか。

奥にいる人間は全てCGなんです。でも、手前はエキストラで埋めていただくことでリアリティが増すという。手前に人間がいることで、奥のCG人間が気にならなくなるわけです。

――CGと実写が巧みに合成されているんですね。

たとえば『るろうに剣心 最終章』の『The Final』(二〇二一年)の冒頭なんですが、ここでは横浜港の街並みが出てきます。駅舎の部分は美術のスタッフに作ってもらっていま

Netflixシリーズ「全裸監督」シーズン1、シーズン2
（Netflixにて世界独占配信中）

すが、背景は全てCGです。セットのサイズに限界があるので、美術に作ってもらえるだけは作ってもらい、あとはCGでその奥や延長を作っていくという手法です。

――これは他の映画でも使われている手法なのでしょうか。

日本映画は結構このパターンが多いですね。『キングダム』シリーズ（二〇一九年～）も弊社でやらせてもらっていますが、これも限界までセットで建てていただいて、奥行きも作れるところまで作ってもらっています。一部でもリアルなセットを作っていただければ、その質感に合わせてCGで足していけるので、指針が分かりやすいんです。

——その辺りは、事前に監督や美術スタッフと打ち合わせをされているのですか。

美術デザイナーさんのデザイン画があり、そこから試行錯誤で仕上げていきますね。たとえば、デザイン通りだと画が平坦になってしまうことがあります。空が抜けていたり。それで世界の広がりがないとか、ディテールが足りないとか、監督と話し合って形状を変えていきます。

木々を足すにしても、そこへの光の当て方に立体感が出るように調整したりとか、建物の屋根に木の葉を乗せたりとか、その上で統一感も整えていきます。

——繊細な作業になりますね。

ＣＧで画を作ると、どうしてもフレームの中に全てを収めがちになっちゃうんですよね。ですから、ちゃんとフレームの外にも世界が広がっていることを考えていますね。

——そうした世界の広がりを意識した画作りは、ＣＧならではの強みといえるかもしれません。

それはありますね。一気に広がります。狭いセットの中で世界を終わらせないで、その外の奥行きも感じさせることができます。

でも、CGではできないこともあります。交差点を歩く人間がそうです。歩いている人をCGで作ることはできます。でも、微妙な挙動とかが、どうしてもCGっぽくなってしまう。

そこで『全裸監督2』では、（栃木県の）足利にある交差点のオープンセットにグリーンバックを張って実際の人間に歩いてもらいました。画面の手前は全て実際のエキストラに歩いてもらって、奥のピントが合わないところをCGにしました。それでリアリティが増すわけです。

ドゥニ・ヴィルヌーヴが理想

——白石さんは、どのような経緯でCGの世界に入られたのでしょう。

小六の時に映画館で『ジュラシック・パーク』（一九九三年）を観たのがキッカケですね。「なんだ、この映画は！」と驚いて、それでCGという言葉を初めて知りました。あのイメージがずっとあったところに『マトリックス』（一九九九年）があり、「カッコイイ！　こんな映画を作ってみたい」ということで、この世界に入ろうと思いました。CG

が何かもよくわからないまま学校に進んで、いろいろ勉強して。

——まさに、あの時代は『ターミネーター2』（一九九一年）、『ジュラシック・パーク』、『マトリックス』と、毎年のように新しいCG表現の映画が出てきましたからね。

こんなことができるんだ！　という驚きの連続でした。

——『マトリックス』や『トランスフォーマー』（二〇〇七年）など、以前はCGというと、「どれだけ現実と異なる映像を描くか」というイメージがありました。一方で白石さんは「いかにリアルに近づけるか」という思想でやられていますね。

時代を経て、CG表現も洗練されていく中で、よりリアリティあるものに落ち着いてきたところはあると思います。『トランスフォーマー』のようなCGバリバリの映画もいいんですが、そうじゃなくてクリストファー・ノーランやドゥニ・ヴィルヌーヴみたいな、「実写に見えるけど、なんでこんな映像になっているかわからない。でもなんだかリアルだ」みたいな、そういうところに日本映画の活路があると思いますし、追求していかなきゃいけないと思っています。

——たしかに、二人ともリアルにCGを表現していますよね。ヴィルヌーヴの『DUNE

／デューン　砂の惑星』（二〇二一年）も、あれだけの異世界なのに砂の質感も含めて本当に現実的です。

ああいう映画は理想ですよね。あるいはノーランは実写にこだわってますよね。でもCGを否定しているわけではなく、よりリアルに世界に没頭してもらうために何を使わなきゃならないかを最優先に考えていらっしゃるんだと思う。ですから、実写で撮れる部分はとにかく実写にこだわっているんです。CGで何でも監督の思うイメージが作れるんなら、使ってくださるはずです。まだそこに届いていないだけで。

ならば、僕らも、よりリアルにできるためにはCGをどうすればいいかを考える必要があるわけです。ですから、ここは実際に作ってもらってCGはこう補助ができるとか、そういう提案をなるべくしていくようには考えています。もちろん、準備が間に合わないからとりあえず撮ってしまうことも実際にはあるのですが。それでも、無駄なコストをかけずに、CGをどう有効活用するかは、監督や美術さんや現場のスタッフの皆さんと話し合うようにはしています。僕らだけで考えてもしょうがないので。

以前はまだCGの理解が浅い時代もあって難しかったのですが、近年はようやくそれができるようになりました。

——CGというと、一般的には「パソコン一つでチャチャッとやれてしまう」というイメージの方がいまだに少なくない気がします。今回のお話で、いかに繊細かつ時間と労力を要する職人的な作業なのかがよく理解できました。

私は撮影所時代のスタッフのお話をうかがうことが好きなのですが、彼らも本当にそれぞれに手間暇をかけてきましたし、またそれぞれに作家性があります。時代が変わり、ツールが変わっても、その魂が変わっていないことが分かって嬉しいです。映画史は、ちゃんと繋がっているんだな、と思えて。

CGも、各所にクリエイターの想いが詰まっています。あと、僕らCGのスタッフも昔の黒澤明監督の映画とかを観て勉強しています。煙の流れ方一つでも勉強になるんです。ワンカットの画の力強さは昔の映画ならではの凄みを感じたりもします。そういう映画の流れもくんで、CGに活かしていきたいと思ってやっています。

二〇二一年一〇月二一日、都内にて

過去の撮影スタッフがフィルムに込めた情報を再現する戦い

デジタル・リマスター
根岸誠

「東映」旧作映画

ねぎし・まこと／1948年生まれ、群馬県出身。東映ラボ・テックにて『突入せよ！「あさま山荘」事件』などでテクニカルコーディネーターを務める。2017年に文化庁映画賞受賞。現在は東映デジタルラボ株式会社テクニカルアドバイザー。2022年2月の映画のまち調布シネマフェスティバル2022にて功労賞を受賞。

長らく映画はフィルムで撮られてきた。撮影したネガを現像して上映用のプリントにし、そこで初めて映像として触れることができる。近年、そうしたフィルム＝アナログ方式で撮られた旧作を映画館での再上映やソフト化する際には、一度デジタルデータに変換する「デジタル・リマスター」作業が行われている。

長年にわたり現像やデジタル化を担ってきた東映ラボ・テックのベテラン技師、根岸誠氏にその事情をうかがった。

今のテレビの情報量に合わせる

――まずは、ものすごく基本的なところからうかがわせてください。そもそも、なぜデジタル・リマスターをする必要があるのでしょうか。

古い作品はフィルムで撮影されているので、本当は今でもフィルムのまま上映してもらうのが一番良いんです。

しかし、もう残念ながら、今はフィルムで観られる劇場が数えるほどしかないので、観てもらうためにはどうしてもデジタル上映をする必要があります。そのためにフィルムの

デジタル・リマスターの技術者にはフィルムの知見が欠かせない

ネガからデジタル化をするわけです。
映画館の事情だけではありません。昔は、フィルムで撮った作品をビデオやDVDとしてテレビでかける場合は「テレシネ」といって、テレビ用のビデオデータに変換していました。しかし、テレビも以前よりはるかに綺麗に色が出るようになりましたので、テレシネよりももっと高精細なデジタルデータで観てもらう必要も出てきたんです。
そうした事情から「デジタル・リマスター」という言葉が言われ始めたんじゃないかなと思います。
「リマスター」という言葉には「従来のテレシネとは違う」ということと、それだけでなく

「元々のフィルムの質感は残そう」ということ、二つの意味合いが込められています。

テレシネの場合は「テレビできれいに観られればそれでいい」という考え方がありました。以前のテレビは色が表現できる幅がとても少なかった。今のテレビは色が表現できる幅がすごく広くなっているので、その分だけ――フィルム自体がそういう情報量をもともと持っているので――そこに合うように改めて再現してあげる必要が出てきたわけです。

――テレビ画面自体の表現できる情報量が元々少ないから、以前はそれでよかった。でも、そのために作られた画質では今のテレビには厳しい。だからリマスターする必要があるわけですね。

テレシネは情報量が少なかったからといって問題があったわけではなく、当時のテレビで観るのには何の支障もなかったんです。

それから、機材の問題もあります。フィルムには膨大な情報量が記録されているのですが、たとえば二十年前だとそれを今ほどの情報量でデジタル化できる機材がありませんでした。

少しずつ機材も進化してきて、今はフィルムからの再現域が広がりました。それもすべ

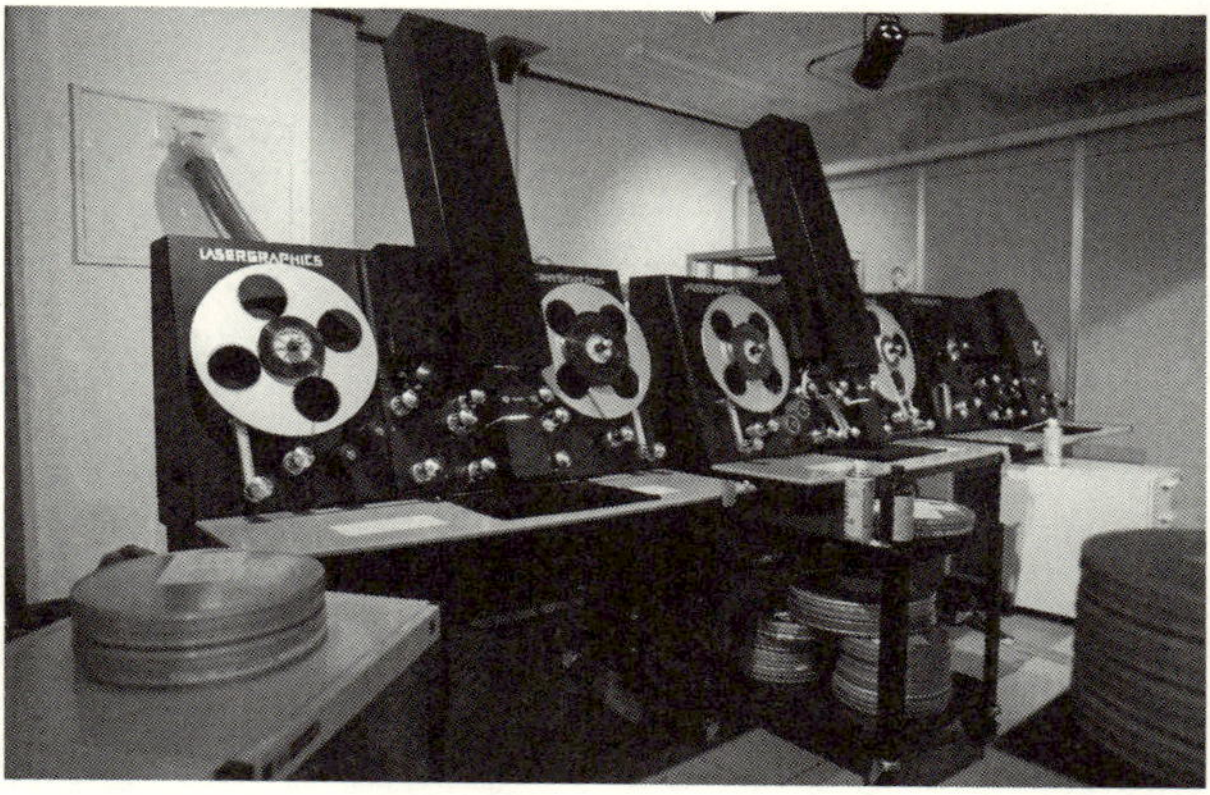

フィルムをスキャンする機材が並ぶ

てはそのようにデータ変換のできる機材ができてきたということなのです。

――フィルムの情報量にデジタルのほうが追いついてきた、と。

そういう感じはあります。

フィルムは「坂」、デジタルは「階段」

――フィルムの方がデジタルよりも情報量が多いというのは、一般的には反対に捉えている方も多いかもしれません。

デジタルはゼロか一かの世界なので、画と画の間の繋ぎ目が階段状になっているんです。その画質の高低は、階段がどれだけ細かいかということで決まります。

一方フィルムはアナログなので階段ではなく「坂」なんです。

——段ではなく一本の線だと。

フィルムの情報をデジタル化するということは、いくつの階段によって坂としてどう表現するかということになります。それがデジタル・リマスターなのです。この技術が日々進化してきて、現在では線に近くなってきています。

——階段の幅が狭くなってきて、遠くから見ると線に見えるぐらいのところまで来ているということですね。

線に「見える」。まさにそうです。線そのものではないのですが、段が細かくなって線に見えているわけです。

——逆に言うと、フィルム、つまりアナログの「線の情報量」状態が本来はベストなわけですね。

それがアナログの良さです。フィルムってすごく滑らかな映像表現ができているんですね。だから、それをデジタル化するというのは、どうしても技術的にいろいろ困難な部分があります。

――機材が開発されてきたことで、その困難は減ってきた、と。

特にここ二十年ぐらいは飛躍的な進歩を遂げてきています。

――考えてみると、初期ＤＶＤソフトの映像ってカクカクしている印象がありました。まさに、段の幅が大きい感じでした。そこもやはり機材の問題でしょうか。

機材の問題ですね。ＤＶＤが出た頃はＳＤ（Standard Definition）という、低い解像度の時代だったので、今から比べると、もう本当に雲泥の差がありますね。

――ＨＤリマスターという言葉が使われますが、Hi Definition、高い解像度で作り直しましたよ、ということなのですね。４Ｋになるとその解像度がさらに上がる。

そういうことです。

――近年は撮影もフィルムからデジタルになっています。それでもリマスターという言われ方がされることはありますよね。

デジタル撮影の初期の頃は、今より解像度が低いんです。それも当時の技術の問題でした。デジタル撮影の映画の弱点は、撮った解像度以上にはならないんです。

――最初から坂ではなく階段なので、段の幅は動かせない……。

ただ、今は技術が進歩して、撮った解像度――段の幅を細かくする技術は進歩してきているんです。アップコンバートという言い方をします。今、テレビでも4Kテレビとか、8Kテレビとかがありますよね。2Kで撮影したものを4Kにしたら、本当は階段が大きくなってしまうわけですよ。

でも、今は技術開発が進んできて、2Kをあたかも4Kのように見せる技術というのがどんどん開発されています。ですから、多分、これからも常にそういう変化があると思っています。

退色加減を見定める

――高画質にデジタル・リマスターされた旧作映画を観る際、記憶にある映像と異なって感じることがあります。たとえば「前に観た時はもっと暗くて深みがあった気がしたけど、なんだか明るくなっているな」となる時もあれば、「前は劣化・退色していたのが、見事に復元されているぞ」となる時もあります。その違いは何なのでしょうか。

デジタル・リマスターの考え方は根本的には二通りあります。

一つは、作った当時の色合いを可能な限り再現するという考え方。もう一つは、当時作ったものを現在の視聴者に気持ちよく見てもらうという考え方。
このどちらを選択するかは、供給する側が考えるわけです。

――DVDメーカーや映画会社の方針次第で決まるわけですね。

それは私どもの立場では決められることではないので、「どちらが希望ですか」と尋ねるところからスタートすることになります。

――もともと暗い映像の作品だったのが、リマスター版を観たら、別物かと思うくらい明るくなっていることがあるのですが、それは現代の視聴者に観やすくするためというのもある、と。

たとえば製作当時は、画面を暗くすることが確かに目的ではあったと思うんです。だから、当初は撮影当時に狙った通りに上映しているので暗いんですよ。
でも、ＤＶＤを出す頃には暗い部分を明るく見せる技術ができました。ですから、明るく見せようと供給側が希望をすれば可能になったということです。メーカーだけでなく実際に撮った監督さんやスタッフさんにご意見をうかがい、見せ方を調整することもあります。

――東映の旧作をリマスターする基本方針はどちらですか？

そのへんは私どもの技術者の立場から言うと、正直よくわかりません。作品ごとに「この作品って、どんな感じでいきますか？」と聞いていますね。

――一貫した方針があるというよりは、作品ごとにリマスターのスタンスが違っているのですね。

「今回はこういう目的で販売したいから、こうしたい」というコンセンサスを供給側がまとめ、その方針が私ども技術者に伝えられるので、東映の作品が常にどっち側かというわけではないのです。

――そうなると、幅広い技術や見識が必要になってきますね。

注文にできるだけ正確に応えられる技術は用意しておこうという考え方でおります。

――フィルムで撮られていた旧作をデジタル・リマスターして撮影当時の画質に近づけようとするためには、当初のフィルムにどれだけの情報が記録されていたのかを把握しておく必要がありますよね。その確認はいかにして行われているのでしょうか。

とにかく上映用のプリントを見るしかありません。

ただ、上映用のプリントも年数が経つと退色してきているんですよね。なので、退色の度合いを想定しながら確認しています。

弊社の技術者は、現存しているフィルムがあれば、そのフィルムをお借りして、社内の試写室で見て確認します。

その上で、今回の作品はこういう仕上がりにしてほしいという要望があれば、それを踏まえて作っていくっていう。

——退色したプリントを見て、そこから本来の色を想定していくのですか？

それしかありません。プリントを見るという部分ではみなプロなので、そこは大丈夫です。

——現像されてから何年経っているか、またどのくらいの回数上映しているか。そのあたりを計算しながら確認するわけですね。

はい。また、退色の度合いというのは保存状態で違います。ですので、そういうことも考慮しながら見ていくということでしかないのです。

――どこか、歴史学とか考古学に近い部分もあります。

そこまではシビアではないとは思ってはいます。長年いろいろなフィルムを弊社の技術者は見てきていますから。今はまだこのように経験をいかせる人がいる時期です。ただあと十年もすると、そういう技術者が、多分、いなくなります。

――若い技術者はネイティブでアナログを知らない世代になるため、フィルムの質感や色味を感覚で判断しにくくなってしまうと。

そうですね。そのへんの色の判断ができる人は六十代以上なので。ですから、リマスターできるものは今のうちに全てやっておきたいぐらいなんです。まあ、これはなかなかそう簡単にはいきません。

――旧作となると、カラーだけでなくモノクロの作品もあります。その場合、リマスターの仕方に違いはありますか？

モノクロの場合、フィルム自体は退色というより、経年で軟調になってしまうんです。当時よりフラットになって見えてきてしまう。撮影当時のコントラストというか、硬さを再現するのが難しいんです。

――黒色一つとっても濃淡の段階もありますし、それが経年により薄れていってしまいますからね。

それと、白黒の作品ほど、現代の人が観やすくないと駄目な感じはしています。撮影当時、モノクロでもきっとかなり画が硬かっただろうなという気がする作品でも、その調子のままで今上映したら、若い皆さんには抵抗がありそうだなと思うことがあります。

ですから、コンテンツホルダーの担当者のご意見も聞きながら、今の観客が観やすいかたちを、探る必要があるのかもしれないですね。

今の技術では「見えてしまう」

――旧作、特に一九七〇年代の映画には独特のザラつきがあります。『仁義なき戦い』（一九七三年）をはじめ、そうした粗い質感のもたらす荒々しさや乾きが作品の大きな魅力となっていました。

初期のＤＶＤはそこが損なわれることが少なくありませんでしたが、今はその質感を損

なわずにデジタル・リマスター化されることが増えてきたように思います。

ザラつきとデジタル化という二つを両立させるのは大変なのではないでしょうか。

ザラつきというのは、結局はフィルムの粒子なんです。そしてその粒子はどんなに高精細にスキャンしても、そのまま出るんです。ただ、そのままリマスターすると、すごくザラザラとして、今の若い人にとって、とても見づらい画になってしまうのです。ですがフィルムで観た記憶の強い世代からすると、「これだよ、これ」ってなるんですよね。ですから、「どこに向けて見せるのか」という方針によって、粒子の大きさ、目立たなさを調整をするんです。

――粒子一つとっても、見え方を調整しているんですね。

いろいろな調整が技術的にできるようになったので、当時は「こんな細かい粒子を持ったフィルムはなかったよね」というようなフィルムの表現もできます。

――粒子をなくすこともできれば、さらに細かくもできる。

そうです。あくまで「見た印象」の上ですが、細かくできます。

――七〇年代の映画ですと、作り手側が狙って映像を粗くしている場合もあります。一方

で経年による退色で粗くなっている場合もありますよね。その違いの見極めはどうされていますか？

通常の考え方からすると、スキャンをした時に「ああ、このシーンは間違いなく狙って粗く撮っているな」というのは、リマスターをやる技術者はわかるんです。

その時は、コンテンツホルダーの方に「ここはこうなっているのだけど、どの程度見やすくしますか？」と聞きます。

コンテンツホルダーが「ちょっと見やすさを優先しましょう」と言えば、その度合いを調整するということは十分にあります。

――リマスターで画面が鮮明になることによって、当時は作り手が「これは見えないだろう」と思っていたものが見えてしまうこともありますよね。

美術のディテールなど、製作意図として、明らかにこれは見せたくないんだろうなという部分は見えなくしています。

当時の技術で「こうやって撮影すれば、あれは見えないな」と思って撮影しているのは、見ればわかります。

ただ、すみずみまで全て調整しきるのは、なかなか難しい。ビジネスという側面もある以上、時間を無尽蔵にはかけられないわけです。

それでも可能な限り、調整をしっかり重ねたいと思っています。

——演出側の狙いとして粒子を粗くしている場合と、技術的だったり予算的だったりして粒子が粗くなってしまった場合がありますよね。この違いはどう見分けていますか。

それは百パーセントまではわからないです。

——当時の監督であったりスタッフが監修に入ることもありますが、その確認のためというのも大きいんですね。

そうです。入れるのであれば、入ってくださったほうがいいです。

——この十年で旧作のデジタル・リマスターをある程度やっておかなきゃいけないっていうのは、そうした確認作業の問題もありますね。

やっぱり、監督さんやカメラマンの方がご存命のうちにやっちゃったほうがいいねっていうのはあると思いますよ。

——そういう点では、アーカイブ保存の作業と近いところがあるようにも思えます。

ただアーカイブ自体は全く利益を生まないんですよね。ひたすら保存するだけなので。そこは一番大変だと思います。フィルム自体は置いておいて、未来永劫もつものではない。日々劣化していくものなので、どうしてもリマスターは必要になります。でも、そのデータすら録れなくなってしまう時期が来ることは間違いないです。

ノイズなのか、ノイズでないのか

——音声に関してもうかがわせてください。旧作を古いプリントで観た際は、録音が劣化してセリフが聞き取れないこともありました。それが、リマスターになるとクリアに聞けるようになったケースが少なくありません。

音のほうも当時の音のフィルムをデータ化してそこから必要な音を抽出して、要らないノイズを除去して。そういう作業を、これも時間をかけてやります。

——フィルムが劣化するとそこにノイズが入り、元の音がよく聞き取れないのではと思います。

それに初期の頃の映画って、録音機材のノイズが入っていました。あの音が邪魔でしょうがなかった。そういうのからとり始めて。

そうやって、ノイズに紛れて聞き取りにくかったりっていうことがあるので、どこまでノイズ除去できるかっていうのがテーマですね。ただノイズ除去のソフトも日々進化しているので、十年前にはとれなかったノイズが今はとれますっていうのはあります。これも、やっぱり、時代の進歩によって変わってきます。

――その除去はどのようにされていますか?

よくテレビドラマで、音の波形を見ながら「ここの音を聞いてみろ」とかいう場面があるじゃないですか。要は、ああいう技術が進歩した感じになります。

これはノイズだぞって思ったら、ノイズを除去して聞いてみようかっていう。それが今、できるようになってきているので。

――その上でセリフなどをクリアに聞けるようにしているわけですね。

撮影や収録の当時に、他の音とのバランスで小さかった音を、「この声だけ、ちょっと大きくして」というのができるようになるので。

――実際の耳で気づきにくいようなノイズでも、そうした波形が見えれば気づきますから

ね。

はい。データの中では視覚的に見えるので。でも、音も聞きながらやっています。この波形を削ったら音がどう変わるかというのは、やはり聴覚の判断になります。これはノイズじゃないなとか、そういう判断をしながらやるので時間がかかりますよ。

――根気のいる、大変な作業なんですね……。

もちろん、オートでノイズをとるソフトもあるんですよ。でも、あまりそれを強くかけると、ノイズ以外のものも消えてしまうので。そのへんの兼ね合いを調整していくので、どうしても時間がかかるんですよ。

薬品からパソコンへ

――そもそも、根岸さんはなぜ現像の世界に入られたのでしょう。

カメラに興味があったんです。それで昭和四十年代に入社しています。フィルムの全盛期ですね。

――当時ですと、東映は映画もテレビもかなり本数が多いですね。

当時の東映の映画はテレビドラマと一緒です。毎週一本撮ってるみたいなペースですね。

——当時はこちらではフィルムを上映用に現像する作業をされていたのでしょうか。

プリントまでですね。ネガ現像をして、原版を作っていただいたものを上映用にプリントして、そのプリントを劇場に納品していくっていう業務をやってました。

——フィルムで技術を培ってこられたのが、今度はデジタルになります。扱う道具も薬品からパソコンに変わります。その技術の習得は大変だったりしたのですか。

新しいデジタルの技術を習得すること自体がまず大変でしたね。ただ、フィルムありきでデジタル技術の吸収をしなければいけないので、私どもの会社の中にそういうチームができて。そこを中心に、機材の調査からやりました。最初はフィルムからデータ化するために、スキャナーっていうのを見つけなきゃいけないよなっていうところからスタートしたのです。そこの調査と購入から。

——そうして機材を導入されて、技術を習得されて、「ああ、これでいけるかな」っていう完成形にいくまでは何年ぐらいかかったんですか。

多分、まだまだずうっとです。完成形ってないんですよ。技術が毎年進歩していくので、去年できなかったことが今年できちゃうっていうことがあるんですよ。やっぱり常に新しい技術を吸収する必要があるんです。

フィルムならではの「質感」

——よく僕ら素人は「フィルムで撮った作品は、デジタルよりフィルムのままの質感がいい」っていう言い方をつい簡単にしちゃいます。ただ、その「デジタルとフィルムの質感の違い」とはどういうものなのか、あくまで感覚的な部分であって具体的に言語化できないんですよね。どのような原理によるものなのでしょう。

ひと言でいうと、減色法と加色法の色合いの違いです。フィルムの場合は、減色法で画が作られています。で、その作られたものをデジタル化して、そこからあとは加色法で調整しているんですよ。だけど、ベースになるスキャニングデータって減色法の色合いをベースにしているので、そこの違いが大前提にあるんですよね。

——減色法の色合いと加色法の色合いの違いとは、どういうものなのでしょう。

基本的には三原色が加色法の場合、RGBなんです。レッド、グリーン、ブルーです。

それは足すと白くなります。減色法の場合は、三原色がＣＭＹっていう、シアン、マゼンタ、イエローで、足すと黒くなるんです。

これで最初の画が作られているので違いが出るわけです。

それともう一つは、フィルムの場合は粒子がそこに入ってきます。

——ベースの色のあり方に加えて、先ほどお話しいただいた粒子が質感を左右するわけですね。これも、一九七〇年代の映画みたいに肉眼でザラついて見えるレベルの粒子の他に、肉眼では感じられないけれども感覚的に知覚できるレベルの粒子がフィルムにはあるということでしょうか。

減色法でのフィルムの色再現って、つまりは粒子なんです。基本的に、シアンとマゼンタとイエローのそれぞれの染料の細かい粒があるんですよ。シアンとマゼンタとイエローの染料って、色によって粒子の大きさが違うんです。なので、その三つの色の混ぜ合わせで色ができているから、粒子の粗い染料が多い色は粒子が粗く見えたりするんです。そういう部分の違いがあって、どうしてもベースになるスタート位置が違うので、あとの調整でいろいろやっても、差は出ます。

――そういったフィルムならではの質感的なものをデジタルとして反映させるためには、どういったことを意識されていますか。

基本的には、スキャニングしたデータのもともと持っている色合いを大事にするっていうことだと思います。それと、減色法の色って、視覚的に全く見たことがない人ってわからないんです。なので、今の若い、デジタルがネイティブの方って、減色法の色ってわからないと思う、おそらく。

そういう人が見る減色法の色って、デジタル・リマスターされた後の色なんです。それは加工されたものだから、もともとのものじゃないんですよ。

でも、基本的に、技術者がこんなことを言うのはなんだけど、パッと見た時に「ああ、これ、アナログ、これ、デジタル」っていうのは、感覚的に違って見えちゃうんです。それは何が理由って言われると、とても表現しづらいです。

――根岸さんをもってしてもそうなんですね。

強いて言うと、さっき言ったような、フィルムの粒子の問題と、減色法で作られた色の成分だから……くらいしか、言いようがないんですよね。

——それがどう知覚的なところに違いとして影響しているかっていうところまでは、実は……。

わかりにくいですね。「違うんだね」っていうのはわかっているのですが。

「最高の条件」で撮ってくれた

——デジタル技術が日進月歩して、その度に新しいリマスター版が出てきています。そうなると、バージョンごとに作品の印象が変わることが出てきました。僕らのような作品を論じる側の仕事も「どのバージョンで観たか」とかというのが重要になってきているようにも思えます。

同じ作品でも受ける印象が変わってくるっていうのは、作品にとって悪いことではないと思います。それだけ、その作品のもともと持っているキャパが大きくて、いろんな技術にうまく対応できるように撮ってあったっていうことですから。撮ってないものはリマスターできないので。

——たしかに、元の撮影時にそれだけの情報量をフィルムに込めていたということですか

らね。

そう。それを撮った監督さんとカメラマンさんと照明技師さん、いろんな人たちが、当時の技術で最高の条件で撮ってくれたっていうことなんですよ。だから、今、僕らがそれを利用できる。

——デジタル・リマスターとは、その最高の条件で撮られた情報を現代の技術でどこまで再現できるかという戦いでもあるわけですね。そう考えると、リマスターというのはとてもクリエイティブな作業なんだと理解できました。

私たちはそう思ってますよ。自分たちに画を決める権限はないけれども、言われた狙いに対して、いろんな引き出しを出してあげる。こういうこともできますよ、こういうこともできますよって、今回の作品はどれにします？　っていう。それが技術者だって、みんな思ってますね。

——職人技であり、クリエイティブな技であり、さまざまな技を込めているのですね。

だからこそ、「デジタル・リマスター」っていうのが商品の売りにできるのだと思います。

二〇二一年一〇月七日、都内にて

第3章

ポスト撮影所時代の役割

実物大戦闘機も作る「鉄道具」制作者が〝勝ち〟を感じる瞬間

撮影美術制作

大澤克俊

映画『ゴジラ -1.0』『永遠の0』

おおさわ・かつとし／1967年生まれ、東京都出身。株式会社Oosawaの代表として、特殊素材造形の制作事業を開拓。旧日本軍の戦闘機や特殊車両、時代劇の大砲など設計・制作。『仮面ライダー』シリーズをはじめ、『永遠の0』『るろうに剣心』『進撃の巨人』など多くの作品を手がける。

二〇二四年、映画『ゴジラ-1.0』が日本映画で初めてアカデミー賞視覚効果賞を受賞した。評価されたのは山崎貴監督の率いる白組のVFXチームだったが、ゴジラと戦った戦闘機「震電」はCGではない。実は本物の鉄で作られた実物大の撮影道具だった。

それを作ったのが、大澤克俊氏。

「鉄道具」という唯一無二のスタッフとして、『永遠の0』のゼロ戦や『るろうに剣心』のガトリング砲に刀剣など、近年のヒット作において、大小を問わずに鉄にまつわるあらゆる道具を制作している重要人物だ。

その大澤氏に、「震電」をはじめとする鉄道具の制作の裏側をうかがった。

鉄の利点をどう生かすか

――まず、「鉄道具」という役割についてうかがわせてください。

たとえば「大道具」は、よく皆さん耳にしますよね。それに対して僕らは、大道具の中でも鉄をメインにして作ってきました。それで、鉄がメインなのに「大道具」って言われてきたことに違和感があったんですよね。木工はやらないしなって。まあ、後で話しますが、それも実はやっているんですけど……。で、大道具の他にも「小道具」「持ち道具」とか呼ばれるスタッフがいるわけで、ならば僕は鉄メインなので「鉄道具」って。この呼び名は僕が作ったんです。

――あっ、大澤さんご自身で作られたんですか！

その名前を『進撃の巨人』（二〇一五年）の時に初めて台本に載せてもらって。「何だ？これ」って、みんな最初は言われていたんだけど、今は少しずつ馴染んできてもらっていますね。

――それまでは違うクレジットだったんですね。

普通に、ただの「大道具」だったんです。でも、僕らは大道具として建屋も建てますが、たとえば『るろ剣』の刀とか銃とか、「大道具」じゃ作らないような小物や装飾物も結構作るんです。なので、「大道具」というのにしっくり来なかったんですよね。

――たしかに、鉄に関する道具全般を担うとすると「大道具」ではないですからね。

鉄で作る物には、細かいのがいっぱいあるんですよ。たとえば潜水艦のセットでも、外側だけではなくて、室内の器材や装飾とかも作っていますから。鉄骨も含めて全部ウチで作っているんです。

鉄でできる表現の可能性を絶えずいろいろ探しているんです。だから、鉄だとできないことってないなとすら思いますよ。木工だけだと、できないことが多いんですよね。水に浮いちゃうし、強度もないから。鉄を究《きわ》めていったほうが面白い。たとえば飛行機の外側の曲面も、鉄をたたいて伸ばしたりして作っているんですよね。それは木でもできなくはないんだけど、ちょっとカクカクしちゃうから。

――画面に映った時の質感も、木で模造するのと本物の鉄では違いますからね。

そうなんですよね。表面の輝きも違うし。表でロケやっている時に雨が降ったり、雨降らしの撮影にも鉄なら対応できますから。そういう鉄の利点をどう活かすかを、いつも考えています。

――そもそも、映画の現場に関わるようになったのは、どのような経緯だったのでしょう。工場のホームページを見ますと、初期の『仮面ライダー』の頃からということですが。

もともと『仮面ライダー』のセットはずっとやってました。古い付き合いのデザイナーがいて、そこから話が来たんです。扉が自動で開く仕掛けもやるようになったら、どんどん幅が広がっていっちゃったっていう。

――鉄道具という仕事を追求しようというキッカケはありましたか？

僕がこの仕事が面白いと思ったキッカケは『蟹工船』（二〇〇九年）ですね。あの時はずっと現場でついていて、いろいろな船内の仕掛けだとか、カニが流れるレールを作ったりとかっていうのをやっていたら面白いなと思ったんです。現場に操演業の知り合いがいて、彼を手伝って一緒に仕掛けを作ったり動かしたりしていたんですよね。それがどんどん広がっていっちゃって。

元乗組員が涙を流しながら敬礼

――大澤さんというと戦闘機というイメージがあります。最初に戦闘機を作った映画は何だったのでしょう。

最初の飛行機は『俺は、君のためにこそ死ににいく』（二〇〇七年）の隼戦闘機ですね。そこから震電で八機目です。この隼を作ったおかげで、『永遠の０』（二〇一三年）のゼロ戦にもまた繋がったというのはあるんですよね。今は「飛行機」っていえば、みんな「オ

作業場はまさに鉄工所のような雰囲気

オサワ」って言ってくれるぐらいになっちゃってありがたいんですけど……。まあ、実は好きで作ってるわけでもないんですよね。みんな僕が詳しいと思っているみたいなんですけど、意外とそんなに詳しくなくて。飛行機も戦車も作ったんですけど、実はあんまり詳しくないんですよね。

――それはたしかに意外です。これまで戦闘機を作っていなかった大澤さんのところにオファーが来たのは、なぜだったのでしょう。

その作品でデザイナーを務めた小澤秀高さんからお話をもらいました。僕は押井守監督に頼まれて、愛知万博に鉄造形作家で参加してたんです。その時に小澤さんから連絡が来て、「飛行機を作ってくれない？」っていう話でした。その時は「ああ、わかった」って切ったんだけど、改めて考えてみると「えっ、飛行機って何だろう」と思って。その時、軽くオッケーをしちゃったんですよね。それで、東映が撮影のベースだったので、東映に行ったら「一分の一で」ということになりまして、「あっ、そうだったんだ」と。それでも淡々とやってるうちにできちゃった感じはあるんですけどね。

――「一分の一の戦闘機を作る」となると、準備や設計も入念にする必要がありますよね。

設計が大変でしたね、この時に限らず、いつも設計はとにかく大変なんですよね。どう作ればいいんだろうって。たとえば翼も「フラップを動かしたい」っていうリクエストがあったので、いろんな図書館に行ってどういう仕組みでフラップが動くのかを調べましたよ。そうやって、ものすごく勉強してやってたら、たまたまできただけなんですよね。

――ただガワを作るだけではなくて、動かす必要もあるんですね。大道具というより、ほとんどエンジニアのように思えます。

一個は本物のセスナのエンジンを買って、プロペラを回したんですよ。もう一個はモーターで回したんですけど、重くて全然回らなかったんです。それで本物のセスナのエンジンを回したら……その現場には時代考証のために実際に隼戦闘機に乗っていた整備兵二人とコックピットの人が一人いたのですが……それをうわーんって回したら、涙を流しながら敬礼したんですよ。握手もされて。おれも一緒に泣いちゃって。

そこから「映画ってこういうものなんだな」って思いましたよ。映画に関する思いは、そこでいきなり変わったというのはあります。百の要望を言われたら、二百で返してやろうとか、三百で返してあげなきゃって。映画の美術として鉄で作った造形がそんなに人を喜ばせることなんて考えていなかったから。それで、これは続けなきゃなと思ったんですよね。それからは手を抜くことなく作っています。

美術セットで俳優の顔が変わる

――戦闘シーンそのものはCGで動かしているイメージがありましたが、実際にアナログでも動かしているんですね。

そうですね。戦闘機の翼をはずして回転軸を別に作って、コックピットだけの状態で俳優さんに乗ってもらって、ゆりかごみたいに揺らしているんです。それをカメラがジブクレーンで撮っているわけです。

――そこに背景をCGであとから足す、と。

はい、グリーンバックで。もしくは海辺で撮ったりもしたんですけど。あの時も「おれ、揺らそうか」って言ったら「えっ、できるの？」みたいな感じで。実際に揺れると、みんな感動してましたね。

俳優さんは飛行機の中に座ってるだけなんですけど、戦闘シーンで機体を水平にして実際に動かすだけで、やっぱり違うんですよね。

――演じる側の気持ちのリアリティも変わってきそうですね。

そうなんですね。エンジンをつけた飛行機でやった時、音と振動と排気ガスだけでも役者の顔が変わるんですよ。だから、ちょっとしたことで随分変わるなと思って、そこからは、どうすれば役者が変わるんだろうと考えてやってきました。

ですから、戦闘機のコックピットでもカメラには映らないところにスイッチをつけておいたり、操縦桿のレバーを作ったりしているんです。そこを映さなくても、俳優の実際にレバーを引いてるのと「レバーがあるふりしてやってね」っていうのとでは、やっぱり肩の動きが違うんですよね。だから、わざとそこを作ったりとか。たとえお金がなくても……。

『俺は、君のためにこそ死ににいく』のエンジンの時もそうですよ。セスナのエンジンの振動と音と、あと、風も実際に来るから、もう、役者さんたちがわあーって現場で騒ぐんですよ。わあっ、おう、すげえって言ってから芝居をするのと、やっぱり、違うんですよね。

――それはまさに、当時の飛行機乗りたちが初めて間近でエンジン音を聞いた時の興奮と重なってくるのかもしれません。そうなると、演じる側はより入りやすくなります。

だと思うんですよね。ロケ地もそうですし、美術部もそういうふうに小屋を建てたりして情景もあるから、雰囲気に入るじゃないですか。『永遠の０』もカメラに映らなくともコックピットの中まで全部作ったら岡田（准一）君は喜んでくれました。椅子のうしろのスイッチとかレバーとかまで全部作ったんですよ。でも、それは一回も映らないんです。でも、岡田君がそれを見て「うおー」って言って入るから、変わりましたね。

実際のゼロ戦って、すごくゆっくり乗り降りしなきゃいけないんです。狭いし、機器がいっぱいあるから。だけど、それじゃ画にならないっていうことで、岡田君は飛び降りて、飛び乗ってやってた。「ああ、かっこいいな」と思うんだけど、そうすると壊すんですよ、毎回。岡田君は「すみません、これをまた」って言って謝るんだけど「ああ、いいよ、いいよ」って言って、朝までに直すというのを毎日やってました。岡田君は気にしてましたけど、こっちは全然。「思い切り芝居をしてください」「もう、全然壊してくれ」って言ってましたから。

——昔の時代劇を作ってきたベテランの美術デザイナーの方にお話を聞いた時、「時代劇のセットを作る時は、ただ忠実にやるだけじゃなく、役者さんがセットに入った時に、その時代の気持ちになれるセットを作りたい」とおっしゃっていました。それとすごく似た感覚に思えます。

それは僕も思いましたよね。気持ちの入り方が変わるんですよね。俳優も真剣にやってるじゃないですか。台本を読み込んできて、その芝居に入ってやっている。それでこっちが手を抜くと、やっぱり向こうも手を抜くことになってしまうんですよね。

——せっかく意気込んで現場に入っても、セットがチャチなら俳優のボルテージも下がりますからね。

そうなんですよ。そして、それは俳優だけではないんですよね。『ガッチャマン』の時は、一〇《ヒトマル》式戦車を作ったんですよ。デザイナーが軍事マニアの人で「僕はどうしてもこれを一回映画で作ってみたいんだ」って言うんですよ。それもすごい格安で。「いや、絶対作れねえ」って言ってたんだけど、「じゃあ、メインセットもそちらに全部頼むから、何かうまく帳尻を合わせてくれ」って言われて、それで作り始めたんですよ。

戦車が出てきたのは、宇宙防衛軍が出てきてすぐ撃たれてつぶされるっていうシーンだったんだけど、作ってるうちにキャタピラーも作って、砲塔も回るようにして、砲身も動くようにしたら、監督が喜んでくれちゃって。「大澤君、これは乗れるの？」って言うから、「ああ、上に乗れますよ」って言ったら「ああ、じゃあ、ここでアクションシーンをしよう」って、台本が書き換わったの。その時、おれは「勝ったな」って思いましたよ。ああ、これは美術部に勝ったじゃんって。

カメラアングルを踏まえた戦闘機作り

――戦闘機などの設計図は、どのように作っていますか？

今は3Dで図面を描いています。飛行機でいえば、3Dで一回ボディリングしたやつを、うちはレーザー加工機があるので、それでスライス図面にして、縦軸と横軸を板で組み合わせて差し込んでいって、板を張って仕上げていくんです。そうすると、組み立てがしやすいんです。いざ現場に行って組み立てる。撮り終えたら、またバラして、次のロケ地に行かなきゃいけない。だから組み立てやすく、バラしやすくを考えて設計しているんです。あとは揺らしの仕掛けもありますからね。

――実寸大に作るといっても、博物館に展示するためではなく撮影に使うためですからね。再現するだけでなく、いろいろな工夫が必要になる、と。

アメリカみたいにお金がないから、一機で全部何とかしなきゃいけないんですよ。前がはずれて正面から撮るとか、後ろをはずして、飛行シーンを背中から撮るとか。そういうのも、先に考えなきゃいけないですからね。

――そうしたカメラアングルに合わせて設計するとなると、その辺りの計算はご自身でなされるのでしょうか?

はい、考えます、もちろん一緒に台本を読んでから、「あれっ。だったら、これは別で撮ったほうがいいんじゃないの」というのは、監督とかデザイナーとも調整しますが。で、「どこで撮るの?」「じゃあ、高さはいくつにしようか」みたいなことを詰めていきます。

――そうなると、監督のコンテやカメラアングルも踏まえておかないといけませんね。

やります、やります。すごくやります。あと、乗る役者によっても変えなきゃいけなくて。昔の人の身長って大体百六十いくつなんですよ。そこに向井理君がゼロ戦に乗ったことがあって彼は百八十いくつだったかな。高いんですよ。あと荒川良々さんとかも大きい。そういう時はちょっと大きく作らなきゃいけないとか。だから、嘘をついてるところはあるんですよね。

――本当の大きさの通りに作って、俳優が縮こまって演技しないといけないとなると、画もおかしいものになってしまいますもんね。

そうなんですよ。だから博物館ではなく、あくまで映画用なんです。

――そうした中で、震電の設計はどのようになされたのでしょう。

あれは大元の図面があったらしくて、それをデザイナーから3Dで一回もらって、僕のほうでそれをまた精査して、スライス図面にしてってやったんです。

——最初の図面だけではわからない箇所があったのでしょうか。

そうですね。それから、結局どう鉄骨を入れるかは全て僕のほうでやるので、どう撮影していくかによって、切るところとか考えなきゃいけないわけですよ。

——そうか。撮影に合わせていろいろな部分を分割する必要があるわけで、それに応じた鉄骨の入れ方は元の図面とは異なるものになりますからね。

そうなんです。神木隆之介君を撮るためには「ここから切れば、カメラは入れる？」とか、打ち合わせをしなきゃいけないわけです。それに加えて、「どう撮る？」とか「揺らすのはどうする？」とか、そういう点も事前に詰めておく必要はあります。僕が作り始めた段階では、震電はどうゴジラと戦うかわかっていなかったんですよね。ですから、当然、白組さんといろいろやりとりして、「じゃあ、こっちに倒れたほうがいい？」とか、そういうことを把握しながら作っていったわけです。

それと、僕らが作る鉄道具って基本的には役者の背景なんですよね。顔の後ろにあるわけです。でも、飛行機だけはコックピットや風防が役者の顔の前に映るわけです。実は今まで、役者の顔の前に来るものって、一度も作ったことがなかったんですよね。だから、コックピットは気合いを入れます。でも、飛行機で面白いのはそこだけですよ。あとはもう、面倒くさくて。曲面ばかりだから。

――曲面の場合、一つ一つのアールをきれいに曲げていかなければならないので、大変な手間になりますよね。

中でも震電はちょっと異常でしたよね、大変だったな……。ずうっと帰れなかったし、ちょうど『怪物』(二〇二三年)の電車もウチで作っていたので。同時期だったんですよ。他にも別の大きい映画もあって、三つ巴だったので、ちょっとヤバかった。中でも震電は一番大変でしたよね。

苦労だらけだった「震電」制作

――震電を作っていく中で、一番工夫したところ、あるいは苦労したところはどこになりますか?

バランスです。ほんとにバランスの悪い飛行機なのです。タイヤはすごく細いし、細い上に前に向いているので、図面を見ても「逆じゃねえかな」と思うぐらい、作りが悪かった。だから、倒れるんじゃないかなと思って、いかにうしろを軽く作るかを考えていました。しかも、後ろのエンジンルームの壁を取り外してほしいってなっちゃって。あとはCGで描くからということで。そうすると、そこには骨を入れられないわけです。

——ただでさえ元のバランスが悪いところにうしろに骨を入れられないとなると、重心がとれなくなります。

本当に苦労しました。しかも、あれはもともと尾翼に何かタイヤがついているんです。なんだけど、山崎さんの考えで「第三機で、それがもういらない作りになった」っていう設定なんですよ。「だから、いらない」って言われて、それで「おう、まずいな」と思って。どうしようと思ったんだけど、ちょっと前にウエイトをかけたりとかして、何とかこらえたんですけど……。

——しかも撮影のために必要な分だけ作るとなると、本来のものとは重心のあり方がズレてくるわけですから、重心のとり方も難しくなってきますからね。

そこに役者が乗るので、絶対に失敗できないんですよ。グシャッとなってしまうと、大ごとなので。だから、そこだけは守らなきゃいけなくて。

『ゴジラ-1.0』に登場した戦闘機「震電」　2023 TOHO CO.,LTD.

――どのように強度を作ったのでしょうか。

タイヤですね。これだけは「無理です」って言って、無垢の鉄で作らせてもらいました。そうでないと、潰れちゃうんです。飛行機のタイヤって、ちょっとリムが違うんです。それで、木と鉄で作らせてくれって頼みました。

――鉄は重いですから、事前の細かい計算が重要なのだと理解できました。しかも、木工より作業の時間もかかりますからね。

最初は木工とFRP（繊維強化プラスチック）が多かったんですよね。でも、それだと「あんまりスイッチが入らないな」って言われて。それで鉄板とかアルミ板で作り始めたんです。そしたら「おう、やっぱりいいね」って。全然違うんですよね。

――最初は木工だったんですね。

木工も入れてたんですよ、最初は。鉄だけだとちょっと作りづらかったので。やっぱり、木工は楽ですよね。木は削れますからね、鉄のかたまりは削れないじゃないですか。鉄は言うことを聞かないので、時間をかけて叩いて伸ばしていくしかないから、なかなか手間がかかりました。木はペーパーをかけていけば形になっちゃうので。

「CGに負けてられないよ」

——山崎監督の白組には優秀なCG技師たちが多くいますし、飛行機の画にしてもそこである程度は作れるはずだと思います。それでも鉄製の実寸大を作っているところが素晴らしいですね。

僕らと白組ってすごく仲良くて、「作ってもらったほうがいいんです」って言われるんです。それを撮ってCGで画を増やしていくほうが全然いいんですって。だから、これは大変だなと思っても「じゃあ、CGをやればいいじゃん」って僕は絶対に言いません。「大丈夫、作れる」と言うと、向こうも「ああ、ほんとですか」と言って喜んでくれるので。「いいよ、こっちがCGで作るから」と向こうも言わないし、こっちも「そんなのＣＧで描けるじゃん」とも言わない。「作れるものは実際に作ったほうがディテールもあがる」って白組さんも言ってくれますからね。

――これだけＣＧ万能みたいに言われる時代になってきているのに、仕事が減るどころか増えているわけですからね。

こちらも絶えず「ＣＧに負けてられないよ」って思ってるから。そこはお互い様なんじゃないかな。でも、それは映画だけの話ですね。テレビ局と仕事している知り合いもいるけど、あっちはまた違うみたいです。全部グリーンバックの透過にして、デジタル化しちゃってきてるそうです。それで「仕事がねえよ」とか言ってた人がいました。映画は実際に役者が持つものとか、座るものもいっぱいあるから。だから、映画館が全部なくならない限りは僕らは仕事があるんですよ。

――山崎監督や白組の人たちも、そうした実物の価値を理解しているのは大きいですね。

ありがたいですね。みんな「やっぱり鉄は鉄だな」って言ってくれるんですよ。それが嬉しい。木をいくら鉄のように塗っても、やっぱり木は木なんです。

木だとできないことがあるんです。例えば、鉄は曲げられるけど、木は曲がらない。螺旋階段とか、そういうのって木ではできないんですよね。そこらへんも強みなのかなと思います。

山崎貴監督はすごいマニア

――山崎監督との打ち合わせは、どの程度やっているのでしょうか。

『永遠の0』の時は、最初からずっと話し合っていましたね。どこでロケをして、どこから撮って、飛行シーンはどう画になるか。そういうことを監督は最初から言われましたね。

――かなり細かい演出プランを最初から伝えられているんですね。

そこはすごく言われましたね。「こういうふうに、もう四十五度傾けられる?」とか。生粋の天才アイデアマンだから、あの人の中では最初からいろいろ完成しているんですよね。

――監督の中で最初から画のプランができていて、その上で大澤さんに話をしているわけですね。

あの人の中ではもう画ができてると思うんです。だからそれに対して「どこまで大澤さん、作れるの？」みたいな感じなんですよね。こちらとしては「完璧に作るけど」って。「ここはバラせる？」とか「カメラはここに入れる？」とか、細かく聞かれましたよ。あの人は天才なんだと思いました。

だからといって理屈に合わないことは言わないし。だから面白かったけど……難しいですよね。そんな、人が乗って四十五度傾けるのかなとか思うと……。でも僕も「できる？」って言われたら「はい、できます」って、すぐ言っちゃうんです。その後で「あれはどうやってやろうかな」って考えました。そうすると、やれる手段が多くなってくるんですよ、ポンプを買って油圧シリンダーをつけたりとか。エアシリンダーでやったりとか、モーターを買ってとか。それが今もずっと繋がってきて、どんどんできることが多くなってるっていう。

——そもそも、震電という一般にはあまり知られていない戦闘機を出してくることからして、山崎監督が相当なミリタリーのマニアですよね。

すごいマニアなんですよ。僕は震電なんて、これで初めて聞いた言葉だから。でも、うちの塗装部は「震電を作る！」って、すげえ興奮しちゃって。「いつから作るの？　ねえ、いつ?」とか言って、すげえ気合いが入ってやってました。そういう人がやると、やっぱりうまいんですよ。

——塗装がはがれて鉄がむき出しになっているところとか、リアルですよね。

これは銀を塗っているんです。銀がはがれないように工夫して、先に銀を塗って、その銀の上に緑を塗り、それが乾いたところからはがしているんです。

——「塗装が落ちている」という塗装をしてるんですね!

そういうのがうまいんですよ。

——コックピットも煤けた感じがあります。経年劣化や生活感も塗装しているのでしょうか。

コックピットの座席なんか、俳優が座ると映らないじゃないですか。でもやっぱり、ちゃんと作っておかないと。動いて映ってしまうこともありますからね。

——それに、先ほどからおっしゃっているように、現場でも気持ちの入り方が違いますからね。

これで河原とかに行くと、さらに違うんですよ。そういうところに置くと、もう「わあー！」ってなるんです。面白いですよね、人間って。

観客を騙せれば勝ち

実際に制作をしている工場や鉄道具を保管している倉庫も見学させていただいた。

――これは大砲の弾ですね。そうか、弾も鉄道具ですからね。

これは軽いんですけど、これじゃ、俳優も気合いが入らないんですよ。なので、本当の鉄で重いやつも作ったんですよ。そうすると、腰を入れて運ぶじゃないですか。本気に重いから。だから、わざと一個だけ重く作ったりしました。周りに置いてあるやつはプラスチックの軽いものでもいいんだけど。それで「実際に運ぶのは何人？」って聞いて「五人」って言ったら、じゃあ五個だけ重く、と。俳優の力がなくて、本当に持てない時もありましたよ。

だから、ただ作るっていうよりは、何に使うのかって考えて作っているわけです。

――どういう芝居で使うかによって、素材選びも違ってくるわけですね。そうなると、ドラマを読み込む、脚本を読み込む。その力がものすごく必要になりますね。

映画美術とはそういうものだと、僕は思います。

――この大きな鉄の板は何でしょうか?

こっちは組み立て式のプールですね。その場で組んでいくと、だんだん、だんだん大きくなっていくんです。ダクトもついていて、昇る用の階段も取り外し可能です。

――なるほど、組み立て式ならいろいろなところに運べますし、用途に応じてプールがあるんですね。まさに撮影のために特化されたプール……。こういうアイデアが出てくるのが、またすごいですね。

ウチはレンタルプールもやっています。鋼材を使ってできあがった鉄製の潜水艦や戦艦をクレーンで吊って、プールに入れて。そこに水を張ることで、進水の場面も全部ウチで撮ることができます。組み立て式のプールがあって、プールも事業としては割と多いんですよね。『沈黙の艦隊』(二〇二三年)は、ずっとウチのプールを使っていました。

ウチのプールは組み立て式なので、真冬の撮影で需要が出るんです。外のプールだと寒いですし、水が凍る危険性もあります。でも、組み立て式だからどこででも撮れますし、お湯を張ることもできます。それにスタジオの中に暖房を入れて撮影することもできます。

撮影で使用した実寸大のゼロ戦。鋲の表現もかなりリアルだ

あと鉄板のプールなので、下にプレートをつけて、金具をつければ、人が潜っていくシーンとか、船が沈んでいくとか、そういうのもできるので。

——おお、これは撮影用のゼロ戦ですね。おっしゃる通り、俳優の前側でスライスされていて、正面から撮れるようになっています。しかも、細かい機材までしっかりと作り込まれている。すごい！ 撮影用の震電もこんな感じだったのでしょうか。

震電はこの一・五倍ぐらいあるんですよね。でも、コックピットはもっとシンプルです。時代が進んできているので。このゼロ戦の頃は全て手でやらなきゃいけなかったから多いらしいんです。でも、震電はそういうのも省略されているらしいんですよね。

――ガワの質感もすごいですね。経年劣化や鋲《びょう》の感じも含め、本当に歴戦を潜り抜けたあの時代のゼロ戦そのものに思えてきます。

これは塗装部のこだわりですね。この鋲は沈頭鋲っていって、この時代はそんなに出っ張らない鋲だったんですよ。でも、今はそれを売ってないので、こちらでベースを作ってトントン叩いていって沈頭鋲に見えるようにしてるだけなんです。本当は嘘の模造品ですが、それをやらないと飛行機には見えないので。

――「そう見える」というのが一番大事ですからね。

そう見えれば……観客を騙せれば勝ちですから。

――そうとしか見えないですよ。めちゃめちゃ感激しちゃってます。

やったー、やったぞ！　勝ったぞ！

二〇二四年三月一九日、埼玉・戸田にて

キャラクター像を工房システムで創造する「人物デザイン」の生みの親

人物デザイナー

柘植伊佐夫

映画『翔んで埼玉』シリーズ、大河ドラマ『龍馬伝』『どうする家康』

つげ・いさお／1960年生まれ、長野県出身。映画『おくりびと』など多くの映像作品のビューティーディレクションを担当し、2008年以降、「人物デザイン」のジャンルを開拓。主な作品に、NHK大河ドラマ『龍馬伝』『平清盛』『どうする家康』、映画『十三人の刺客』『シン・ゴジラ』『シン・仮面ライダー』『岸辺露伴 ルーヴルへ行く』など。

実写作品において、俳優が一人の登場人物としてカメラ前に立つまでには、顔はメイクアップ、頭髪はヘアメイク、衣装は服飾デザイナーと、それぞれ異なるスタッフたちの手を経なければならない。ただ、近年はそれを統括する立場で「人物デザイナー」というスタッフがクレジットされることも見られるようになってきた。

その第一人者が、柘植伊佐夫氏。『龍馬伝』(二〇一〇年)、『平清盛』(二〇一二年)、『どうする家康』(二〇二三年)といった大河ドラマから、『岸辺露伴　ルーヴルへ行く』(二〇二三年)、『翔んで埼玉』シリーズ(二〇一九年〜)といった漫画原作映画まで幅広く手掛ける柘植氏に、「人物デザイナー」の仕事の全貌をうかがった。

二〇一〇年の『龍馬伝』で誕生

——まず、人物デザイナーとはどのようなお仕事なのでしょうか。

「人物デザイン」って、聞きなれない言葉ですよね。これ自体が言葉として表に出てきたのは、二〇一〇年の大河ドラマ『龍馬伝』の時です。その時に「人物デザイン監修」、要するに、登場してくる役柄のすべての扮装……衣装から化粧からヘアから、その人物の持ち道具だとか……それらをデザインし、統括する役割になりました。そして撮影期間もマネジメントしていくところまで担います。あと、それぞれの部門を誰が担当するのかの編成も決めます。要は扮装に関する統括です。

――そこまで全体的に統括されているのですね。撮影期間もというのは、具体的にどのようなことを？

撮影が始まって、それが滞りなく進行しているのかを見ます。長い期間になると、当初の設計とずれていくことは往々にしてあるので。それを管理していく役割です。建築と同じです。

――建築の役割でいうところの施工管理、昔の言い方だと現場監督的な役割もされているわけですね。一つの「人物デザイン」が建築物だとすると、その設計から施工管理まで務めている、と。

構造としては同じだと思います。要は工房的なやり方なのです。現代アートの工房システムみたいなものです。たとえばコスチュームデザイナーだったら、服飾のみのデザインですよね。でも、人物デザインだと全体になる。そういう意味では、アニメーションのキャラクターデザインのほうに近いのかもしれないです。

――アニメーションのキャラクターデザインは、そのキャラクターの造形から衣装や髪型や小道具まで創作するパートですから、たしかにそうかもしれません。

ただ、アニメーションのキャラクターデザインだと、二次元の状態で止まっています。でもこちらは、そこから具体的な制作に携わっていく。つまり三次元化させていくのが本分なのです。それに加えて撮影期間を滞りなく進行するよう管理もしています。

――アニメーションのキャラクターデザインは、デザイン画を描けば、あとはアニメーターたちがそれを動画にしていくわけですが、実写だとそのデザインした衣装を作らなければならないし、俳優に合わせてメイクやヘアメイクをしなければなりませんし、さらにそれを撮影現場の事情に合わせて調整する必要もあります。そう考えると、似て非なるところがありますね。

そうですね。そこからがこちらは本分とも言えますから。

『どうする家康』だったら「人間家康」

――人物をデザインするといっても、独断ではできませんよね。監督やプロデューサーとは、どのように考えを擦り合わせていますか？

そもそもお話をいただくのが監督かプロデューサー、あるいは主役からなんですよね。それで、たいていは原作がありますし、原作がない場合でも脚本の原案はあります。

それでオファーが来て、「かくかくしかじかな、この方向の作品なんだ」というお話をいただいて「ああ、なるほど」ということになり、進めていきます。

――その段階では、監督やプロデューサーとはどのようなことを確認していますか？

どういう方向性の作品にしたいのかということですね。現実社会に対して、どのような提示をする作品にしたいのかがとても大切なので、そのメタ構造（現実社会を意識した物語の構成）を理解しないと。それを作品世界の中に縮図として成立させるのが自分の方法です。作品世界をその世界性だけで成立させる方もいらっしゃるかと思うんですけれども、僕はあまりそちらのほうじゃなくて、現実社会とリンクするメタ構造にしていく。そうしたコンセプチュアルな方向性を、第一弾の話し合いの中で感じるようにしています。最初の話し合いの中で「こういう感覚のことだな」ということを、ふわっとした空気感として得る。そして、プロットや箱書きのような状態のもの、あるいは、脚本の第一稿の段階になったところで、コンセプチュアルなワードを自分の中に決めていきます。

たとえば、『どうする家康』だったら「人間家康」という言葉を自分で決めていました。『龍馬伝』であれば「すぐ隣にいる人」というのがドラマ全体のコンセプトワードだったんですけど、そこに至るまでに「本当にいる人」という言葉を、まず出させていただきました。それで、大友啓史監督とお話ししながら固まっていったんですね。

――まずは言葉から入る、と。

言葉にしていくのはとても重要です。しかも、それは長い言葉ではなくて、ワンワードに近い、どんな方も覚えやすいような言葉にする。AIに対するプロトコルを決めるような感じですね。

――具体的なデザインの着想はどのように始めていますか?

言葉が決まると同時ですね。そこからは直感的に描いていて、最初は白本みたいな第一稿の状態の脚本に落書きしていきます。「こんな感じかな」なんて描いていって。だから、最初はフワフワしてるんですよ。フワフワをだんだんかたちに固めていくという感じです。

それが何となく「描けるな」という段階になったら、まずはざっくりした感じで描いていきます。ざっくりした感じで描いていって、それがそのままするっと通っちゃう場合もあるんですよね。

――ざっくりした感じでもＯＫになるんですね。

監督から「この感じでいこう」という許可が出るのは、画力ではなくアイデアの話なので。「このアイデアでいこう」というお互いの承認ができれば、そのデザインはそこで終わりということです。それこそアニメのキャラクターデザイナーのように、画力を求められる立場ではないので。

――アニメだとそのデザイン画がそのまま動画の土台になるので相応の画力が求められますが、実写の場合はそこから実際の衣装にしなければならないので、この段階ではアイデアの内容さえ確認できればいいわけですね。

このアイデアのこの考え方、この雰囲気。そういったことのコンセンサスをお互いにとれることが、僕のデザイン画の意味です。

――監督との間でアイデアの方向性に齟齬が生じた場合は、どうされますか？

これまでそういうことはないんですよね。やはり最初の話し合いで、メタ構想やコンセプチュアルなものに共通認識を持つことがとても大切ですね。

——最初の段階で意識が一致しているから、互いの狙いにズレが生じにくいわけですね。

そうです。最初のコンセンサスがとれていたら、何も問題は生じないです。

——人物デザインを考えられている段階で、キャスティングが決まっている時と決まっていない時で、手順に違いはありますか？

キャスティングが決まっていても、その俳優さんのイメージを最初は取っ払っていますね。「その役者だからこの感じ」のように考える時もありますけれども、自分は作家性の強い原作が多いので……。

——原作がある場合は、そのイメージも重要になってきますからね。

原作のファンの方がまずあるからこそ、その作品の実写化が成立する、という関係だと思います。ですから、役者がAさんになるか、Bさんになるかということよりは、その原作のイメージを踏襲するタイプだと思います。ただ、そこには塩加減みたいなものがあるので。最初はこう思っていたけれども、この人が配役されたことによって、少し塩梅をこのぐらいにしよう……みたいなことはあります。けれど、原則的なものが変わることはあまりないですね。

撮影所に代わるハブ的な存在

――人物のルックを決定する際、実写には「衣装合わせ」といって俳優に実際の扮装やメイクをさせて監督がチェックする段階があります。柘植さんは衣装合わせにどのくらい関わるのでしょうか。

完全に一から十まで関わります。でも全ての項目において決定権はもちろん監督にあります。ただ、そこに人物デザイン監修がいない場合、衣装部があり、かつら部があり、メイク部があり、持ち道具部があり、それぞれの専門家たちがそのキャラクターに対して「自分が思うものはこういうものです」というプレゼンをかけることになりますよね。それを監督が見て、個々にジャッジをしていきます。人物デザインという一拍が入らない分だけ、直接的なジャッジメントができる長所はあると思うんです。

ただし、それだとそのプレゼンの段階ではそれぞれの部門のアイデアはバラついているわけです。そうすると、「何でこの衣装なのにこのかつらなの？」とか、そういうことが往々にして起きる。もう、実際に起きてきた歴史があるんです。そういうことを防ぐ。あるいは防ぐことによって、さらにもう一歩進めた人物像を組み立てようというのが人物デザインの考え方です。だからプレゼンをする前の段階で、一人の人物像として概念化しておこうというのが、人物デザインの考え方です。

――衣装が非日常的なのに髪型が変にリアルだったり、あるいはその逆だったり、作品の世界観に衣装が合わなかったり、そういうケースは日本映画で見受けられがちでした。

なぜそれが合わなくなるのかというと、それぞれの諸般の事情というのもあります。自分たちが得ている予算枠の中で作っていこうという意識が働くわけじゃないですか。あるいは作家性というのもあります。衣装の作家性、かつらの作家性というのが、そこに一種の統一性や譲歩みたいなものがあればいいけど、衝突するケースもあるわけです。

だから、それのすり合わせをしながら、一つの人物に統一する作業が必要なんですよ。かつての撮影所システムの頃は、時間的にも情報量的にも密にコミュニケーションがとれていた時代です。今はそういうシステムではなく、フリーランスが集まって作品を作っている時代ですよね。かつ、一つの人間像を作りあげるのに専業分化がさらに進んでいる時代なわけです。そういう諸般の事情を統合するには、監督一人だけでは無理かもしれません。なぜならば、監督はもっとほかに抱えている情報が膨大だから。

――撮影所時代は、同じスタジオの近い距離に互いの部署がありましたから、いつでも気軽に話ができました。今は各部門が別会社になっています。つまり、かつては撮影所自体が情報のハブになっていたのが、それに代わる存在が必要になっていると。

フリーランスが集められてやる場合、例えば助監督とか制作とかが情報を集めて発信しなきゃならないじゃないですか。でも、彼らは扮装のことについて何一つわかっている人間じゃないわけですよ。でも、そこに扮装がわかっている人間が統括したら……ということで、人物デザイン監修が必要なのではないかと発想したのです。

――映画制作の構造が大きく変化していく中で、いろいろと不便も生じてきた。だからこそ、柘植さんの役割が求められているということですね。

それに加えて、スタッフの数も増えたというのもあります。それまでは爪のことを専門に考える人はいませんでしたが、今はネイリストがいますからね。現代は数えきれないほど専業分化しているんですよ。

――時代劇のかつらもそうですよね。以前は「結髪」というスタッフが羽二重つけて髷を乗せる方式でしたが、今は地毛を使ったり、この本にも出てきますが江川悦子さんのように特殊メイクで坊主頭を作ったり。そうすると、結髪さん一人に任せるというわけにはいきません。

そうするとヘアメイクと特殊メイクという二つの領分が入り込んでくるんですよね。ここからここは普通の地毛を使ったちょんまげ、ここからここは今までの床山さんがやっている月代《さかやき》のかつら、で、ここから先は歳をとって禿げてきたから江川さんのような特殊メイクの領域だっていう。普通に考えてもその三構造があったりするわけです。これを監督に取りまとめろと言っても無理なんです。

しかも、セクショナリズムもありますから。ヘアメイクの人は床山に言えないんですよ。床山の人は特殊メイクに言えないんですよ。だから、それぞれに境界がわからないグレーゾーンをうまく混ぜ合わせたり、切り分けたりしていく役割も必要なわけです。

ヘアメイクからの転身

——もともと柘植さんはヘアメイクの担当でしたよね。それが「人物デザイン」まで担うことになったのは、どのような経緯があったのでしょうか。

そもそも人物デザインの先駆けをやり始めたのは二〇〇八年の映画『ゲゲゲの鬼太郎千年呪い歌』でした。ただ、その前の二〇〇五年に『拘束のドローイング9』というマシュー・バーニー監督の作品がありまして。それにビューティーディレクターとして入ったんです。それにはバーニーとその当時の奥さんのビョークが出ていまして。二人は変身してクジラになっていく話でした。

マシュー・バーニーのニューヨークの工房は、「具体的にこのような作品にしたい」というコンセプトに基づいた個々のデザインがあって、それに対してスタッフたちがそれぞれの専門家として集まって、一つの作品にしていくわけです。それを目の当たりにして、「このシステムはいいな」と思いました。もし自分が何かものを大きく動かしていく時にはこのシステムが一番合理的でいいって。

その時に松竹の石塚（慶生）プロデューサーから話がありました。あれは『鬼太郎』の二作目でしたが、一作目（二〇〇七年）の時は大変だったんです。僕は一作目にはビューティーディレクターで入っていましたが、『鬼太郎』って大変なんです。出てくるのは人間と、鬼太郎のような半妖怪・半人間みたいなのと、根本的な妖怪。この三種なわけです。この三種を同じクオリティで成立させなきゃいけない。

と同時に、担当部署がそれぞればらばらになるわけです。ヘアメイク、ネイリスト、髪の毛の色を染める人だとか、衣装だとか。衣装でも、妖怪的な特殊な衣装だと特殊造形だったり、特殊メイクだったり。かつらも、さっき言ったような種類分けがある。で、それを誰がどこでどのように担当するのかがものすごく大変だったんです。それを差配する人がいなかったから「これは誰の担当なの？」って。

——そうなると時間もかかりますし、そのぶん予算もかかってしまいますよね。

これはやっぱり、予算にも関わることなんです。「それはあなたの担当のはずだったのに違うの？」「そんな予算をとってないよ」という話になるわけです。そういうことも含めて大変だったんですよ。ディレクションもプロデュースも両方とも大変。

その一作目がヒットしたので、二作目をやることになった。そのハンドリングの大変さがわかっていたから、プロデューサーから「柘植さん、キャラクター制作の全体を統括する立場になってくれないかな」って言われまして。

最初は固辞したんですよね。さすがにどう考えても情報量が多いし、未知の世界でハンドリングできるか自信が持てなかったので。でも、最終的にはお受けすることになって。

それでやってみたところ、興行収入は一作目よりはいってないんですが、作家性としてはとても理想的なものが生まれてきたんです。「ああ、なるほど。こういうやり方をしたらこういう感じになるんだな」と。

それで三池崇史監督も、それまでの映画システムじゃなくて何か新しい方法論をやりたいと思われていた時期だったんじゃないかと思うんです。それで『ヤッターマン』(二〇〇九年)とか『十三人の刺客』(二〇一〇年)とか三池さんの映画を担当するようになったんです。

――柘植さんのデザイン画は手描きですね。そこは、何かこだわりがあるのでしょうか。

デジタルベースはすごく便利で僕も使っていた時があるんですけど、僕にはちょっと合ってないところがあって。というのも、僕自身が絵で完成させるタイプではなくて、その存在に対してのアイデア、コンセプチュアルなものを共有するために絵を使っているので。その場合には速度感もそうですし、肉筆的なタッチがすごく共通言語にするのに便利というか、ユニークさも含めて性に合っているんでしょうね。だから僕はアナログでやっています。

『龍馬伝』の「変革」が投げかけたもの

――大河ドラマ『龍馬伝』は、大友啓史監督がこれまでの大河のルックを大きく変えた作品ですよね。映像や衣装にも汚しを入れ、頭髪もリアル寄りになっています。

『十三人の刺客』とほぼ同時期に『龍馬伝』の話をいただいたんですね。僕自身は福山雅治さんをビューティーディレクションしていた時期なので、「『龍馬伝』を一緒にやってもらえないかな」ということで声をかけていただいて。

坂本龍馬がモチーフなので「社会を変革した人間である」ということが第一にあって、「変革」が大きなテーマでした。その「変革」を、それまでの大河ドラマの様式的な撮影方法……撮影だけではなくて、「作り方全般に対して変革する」メタ構造にしようというのが大きなテーマだったと思います。なので撮影もマルチカメラでしたし、脚本も割らない。リハーサルもない。そういう、制作の仕方自体もとてもユニークな、革新的なものだったと思います。

――テレビもハイビジョンになり、時代劇は「見え過ぎる」という問題が起きていました。特に京都の撮影所で撮っている民放作品は、撮影所時代のままの昔の衣装やかつらを使うと、画面から浮いて嘘っぽい作り物に見えてしまったんですよね。『龍馬伝』はその対抗策のようにも思えたのですが。

そうなんですよね。その「浮き問題」は非常に難しい。『龍馬伝』は二〇一〇年のものですから、今から十四年前じゃないですか。十四年前は、『龍馬伝』が汚しという方法論によって、それをリアリティとして、それまでの過去の大河ドラマの様式に対してアンチテーゼを打ってるわけです。

なんですけど、十四年も経つと『龍馬伝』でやったリアリティというものに対するアンチテーゼも生まれてくるわけです。様式って、そうやって変わっていくものだと思うんです。新古典主義に対してロマン主義が出てくるみたいに、新しい手法が古くなって、また新しい方法を模索する時代になっていくんです。だから、片方では、相変わらず『龍馬伝』的なものをリアリティだと考えて撮る……それも僕は一つの様式美だと思うんだけど……そういう様式を追求する派もあるだろうし、それ以前のもっときれいな映し方を追求する方法もあるんじゃないの？　という派も出てきているんだと思うんです。

絶えず様式の波があるから、見極めながら自分もやっていく必要があると思っています。

——それでいいますと、『十三人の刺客』はかなりスタイリッシュな衣装になっていますよね。

ええ。『十三人の刺客』は特に、少なくとも名キャラクターたちはテーラーの素材を使っているんです。着物の素材を使ってないです。それはなぜかというと、「馴染ませ」の問題なんですね。着物の素材の質感と色彩に近いものを選んだテーラーの素材なんです。

それによって、洋物ならではのモード感が侵入してきているわけです。ただ、そのモードが前に出てしまうと、いわゆる「日本の時代劇という伝統」を損なう側面もあります。なので、できる限り着物に近いようなテーラーの素材にする発想にしたんです。

――たしかに、現代人は洋服に慣れているので、それに近い着こなしの方が「かっこいい」と思えたりしますからね。

そうなんです。ただ、そこがまた本当に難しいところで。洋のものを入れた時に、どこまで和のルールにちゃんと固執できるか。その塩梅もほんとに大切で。洋の素材で袴まで長くしてしまうと、やっぱり、洋っぽくなっちゃうんです。その袴の比率をくるぶしあたりでカットした、きっちりとした袴の感じにしていくとか、そういう和装のコンテクストをちゃんと守っている上で、素材は変えていくという。

『翔んで埼玉』と宝塚

――『翔んで埼玉』や『岸辺露伴』は漫画が原作です。しかも、いずれも漫画の中でもかなり飛び跳ねた表現をしている作品だと思います。その漫画のビジュアルというのがまず前提にある。一方で、それを三次元の役者が演じる。そのギャップの中で、観る側が納得するリアリティの作り方をうかがわせてください。

『翔んで埼玉』と『岸辺露伴』の難しさは、ちょっと種類が違っていると思っています。

『翔んで埼玉』はコンセプト勝ちみたいなところがあって。

僕は魔夜（峰央）先生の原作を初版で読んでいて、それはもうファンだったんです。それが再版になった時に宝島社の方とお食事したのですが、「映画化をもしするんだったら、ぜひ呼んでください」って言ってたんです。そしたら魔夜先生からのリクエストで参加することになりまして。

で、この映画を実写化する時には、出てくるキャラクターがどれだけ現実離れしているかということが重要だと思ったんですよね。現実離れさせるために、現実世界の家族が大事でした。つまり埼玉の家族です。

あの家族がいないと、二階堂ふみさんやＧＡＣＫＴさんを非現実世界に仕立てられない。だから、あれは非現実世界を作るための現実世界という装置だったんです。その物語的設定が確かにできていたので、非現実側はどのように跳ねてもいいわけです。

――それでも、あそこまで跳ねた人物造形にするのは、勇気がいるのではと思いました。

「宝塚テイストにしよう」と決めたんですが、それは一種の仮面劇みたいなイメージなんですよね。ギリシャ悲劇だと仮面は悲劇になっちゃうわけですけど、『翔んで埼玉』の場合は悲劇ではなくて、喜劇になる。それでも実際には仮面をかぶるわけではないから、それはメイクアップとコスチュームによって表すという方法を選びました。
そうした表現が現時点で僕の納得いく形で実現しているのは宝塚と歌舞伎ぐらいしかないと思えたわけです。であれば、宝塚でやろうと。

――あれだけ派手な格好をしても、観客に違和感を覚えさせずに現実社会を忘れさせる力が宝塚の舞台にはありますからね。

あの強さ、あの密度、あの濃厚さをそのまま移したらいいんじゃないかということを監督に最初に話したんです。武内（英樹）監督とはその時に初めてお会いしたのですが、監

『翔んで埼玉 ～琵琶湖より愛をこめて～』で描いた人物デザイン画

督は「そこまでやって大丈夫なの？」みたいな感じで少し不安げにおっしゃってました。

「いやあ、絶対大丈夫です。むしろ、それぐらいやらないとお客さんも納得しないと思いますし、魔夜先生の描かれている原作のような世界にするには、観客が見て納得する強さレベルはそれぐらいのことだと思います」とお話しして。あとは、もう作るだけなので、そこから先は全然難しいことじゃなかったです。そのコンセプチュアルなことのすり合わせをするのが第一関門にして最終稿ぐらいの感じでした。

――たしかに、あれだけ際立った世界ですから、中途半端な表現にしてしまうとお客さんも喜ばないでしょうね。

「ああ、これは腰が引けてるな」と思われることはしたくなかったんですよね。お客さんは皆さん、すごく勘がいいから、ぱっと見た瞬間に感じるものだと思うんです。だから、やるなら振り切るということですよね。

――そこは、他のスタッフたちも納得してくれましたか？

実際の現場で衣装やメイクのテストでやってみたりすると「これは強くない？」みたいな話になることはありました。カメラテストでも「これは強いよ」って。でも、たしかにそれは強いんだけど、その言葉は作品の全体像を想像してないんですよ。そうじゃなくて、「これは強いです。強いからいいんです」という話なんですよね。でも、ついつい腰が引けるんです。

そういうことって現実社会にもあるじゃないですか。「こんなこといいね」なんて言っているんだけど、いざやってみると、その強さに自分の気持ちのほうが引けてしまう。結果、できない……みたいなことってあるじゃないですか。で、それじゃ結局届かないんじゃないかということですね。

――『翔んで埼玉』をやるんですから、そもそも強くなかったらできないですからね。そこは、これに限らず漫画を実写化する時の難しさかもしれませんね。うまくいかない時って、作り手側が引けているのが見えてしまい、原作の魅力が損なわれた中途半端な作品になってしまいがちです。

そこは、本当に難しいと思います。たとえば、時代劇と同じように、汚すのか汚さないのか問題というのもあるわけです。汚してもいいんですよ、もちろん。でも汚すなら徹底的にやらないと駄目です。で、汚さないとしたら、なぜ汚れている設定なのに汚れてない人たちがここにいられるのかという理屈をちゃんと貫かなきゃいけないです。「それなら汚れないよね」と見る人に納得していただける……それも理屈じゃなくて、無意識に納得していただけるような生理状態にしなきゃいけない。

それをセットするのがわれわれの仕事ですよね。

『岸辺露伴』のコンセプトは「モノトーン」

――『岸辺露伴』の難しさは『埼玉』とは別種類というお話でしたが……。

荒木飛呂彦先生のあの特徴的な絵があり、しかも原作ファンもあれだけマニアックな方たちがいらっしゃいますので。自分としては「これはやれるのかな」とも思いましたけど、監督の渡辺一貴さんが『龍馬伝』の頃からご一緒している方で、コンセプトをこうおっしゃっていました。「原作は着彩するとカラフルな極彩色になる。でも、むしろ全体像をモノトーンな感じにしたい。それは扮装だけじゃなくて、ドラマ全体像の感覚的なものを、そうしたい」って。それで、「ああ、それだったら、もしかしたらいけるかもしれないな」って思えました。

極彩色だと少しハードルが上がるんです。美術にしても、ロケ背景にしても、普通の街並みになりますよね。それに対して極彩色のコスチュームでリアリティを生むには、それこそ『翔んで埼玉』じゃないけど、何か理由立てが必要になるわけです。「なぜこんな極彩色のコスチュームを着ているのか」という。

でも、モノトーン的な表現にまとめあげられるんだったら、もう少し馴染みがよくなるんです。つまり、汚しをかけるのと同じ意味合いでモノトーンというフィルターをかけることができる。そういう意味で、あの作品での僕のコンセプトは「モノトーン」ということになりました。

――この、「馴染みがよい」というのは重要ですね。これが悪いと観客は冷めてしまいます。ただ、『埼玉』であり、『露伴』であり、柘植さんの手がけた作品はたしかにちゃんと馴染んでいます。そうするために大事にしていることはありますか?

まず大事なのは、ご本人に似合っていることです。馴染ませるというのは、役者は主で、美術的背景が客だとすれば、その主客の関係をどう近づけていくのかということだろうと思います。

その主の作り方としては、漫画原作を見て自分の中に取り込んで、それを役者に対してデザインとして放出する。その段階で、色やサイズや質、形をどのくらいにすれば、本人に似合うかなってまず思います。ただ、役者が決まってないケースもあるから、具体的な誰かというより「人間」ですよね。実際の人間にそれをあてはめた時に、どうすると似合うかなと考えます。

その「似合うかな」という感覚は、もちろん本人に対して何らかの一致性があるということもさることながら、それを視聴者が見た時に感覚的に許せるかどうかの距離感をはかっているんです。でもご覧になる皆さん全員に聞くわけにいかないので、その感覚を代表しているのが僕なわけです。

僕がお客さまの代表として、この人にコスチュームや扮装がくっついて映像の世界に入ってきた時に、僕が視聴者として「許せる?」と自分に聞いている感じなんです。引き過ぎちゃうと「地味で許せないなあ」みたいな感じになるし、そのまんまやり過ぎると「いや、いや、ちょっとそれは恥ずかしいんですけど」みたいな感じになる。そこの気持ちを自分が担ってるという感じです。

——その辺の塩梅が、まさにおっしゃる通り「難しい」わけですね。

ここは出したいからここを引くとか。特に原作でそのキャラクターを示す大事な記号の場合はアニメチックにするしかないですし。

例えば『露伴』だったら、ヘアバンドみたいなギザギザがありますよね。「いやあ、これ僕にはわからない」と、最初は思ったんです。でも、衣装を黒にすることによって、髪

高橋一生が演じた岸辺露伴
©2023「岸辺露伴 ルーヴルへ行く」製作委員会
©LUCKY LAND COMMUNICATIONS/集英社

『岸辺露伴　ルーヴルへ行く』
通常版BD＆DVD発売中

との馴染みというのが出てくるから、引きで見た時には少なくとも気にならなくなると考えました。

アップショットばかりじゃないから、引きカットの時には髪の毛にしか見えないよな、みたいな。作品全体の視聴時間の中では寄りのほうが多いわけですけど、でも引きだってあるわけですから。その時は自然な気持ちで通り過ぎていくよなって。ですから、デザインというよりは演出的設計をしている感じもありますね。

――そこは演出家が絵コンテを作る発想と同じですね。

完全にそれです。一つのカットだけを抜き出して「許せるか許せないか」というのももちろんあるんですけど、作品の時間軸にはまっていった時に「許せるか許せないか」ということなんですよね。

「モードにおける奇異さ」を投入していく

――漫画やアニメを実写化する時に、うまくいかなかった作品の多くはキャラクターの独特な衣装や髪型が「出来の悪いコスプレ」みたいに見えてしまうんですよね。浮き方であ

り、馴染み方の悪さというのがあって。ところが『翔んで埼玉』で驚いたのは、あれだけ派手な衣装なのに……あの髪型なのに、おかしく感じるどころかオシャレに見えてしまうわけです。

それが本当に似合うということかもしれませんね。それは僕自身がファッションとヘアメイク、つまり入り口がモードだったというのも大きいと思います。モードというのはファッションの突端なんですよ。パリコレに出てくるものは、中には奇異なものもありますよね。美しいものや新しいものというのは、まず奇異なかたちで出てくるわけです。

でも奇異なだけでは駄目で、美しく感じるものでなくてはいけないわけです。そこのバランス感覚というのは、やっぱりファッションとかモードの中にあるものだと思います。だから『翔んで埼玉』にしても『岸辺露伴』にしても、モード、つまりファッションにおける奇異さという共通した感覚を持たせています。

――たしかに、「モード」という切り口で発想すれば、奇異な髪型や衣装もオシャレに昇華できますからね。経験していないデザイナーには出てこない部分かもしれません。

アートの奇異さって、また別なんですよ。アートだと、わかってもらうのに時間がかかります。作家が死んだ後ぐらいまでの時間軸がかかる場合があるし、作家が死んで初めてその作品は完結する場合もある。

ただ、視覚表現、特に商業作品の場合は、生きている人たちがそのまま生きている時間軸の中で評価されなければなりませんから。そこは、やっぱり宿命を背負っていると思うんですね。もちろん、名作は死んだあとも名作として残るわけなんだけど、生きている間に評価されなきゃならない。そうなると、「アートにおける奇異さ」を投入させていくのではなくて「モードにおける奇異さ」を投入していくほうが適切だと感じています。

——その一方で、ここまでのお話をうかがっていますと、「デザイナー」と言いましても、パリコレなどのファッションデザイナーのような強烈な個性を出すというよりは、車や家電といった工学系の、機能を高めることを前提としたデザイナーという役割に近いと受け止めることができました。

やはり、原点は「工房」のシステムなんですよね。普通だと「デザインをこうしたいから」みたいな発想なんでしょうけど、僕は実利性といいますか。「やるべき人が、ちゃんとやるべきことができるように」という感じからデザインを発想しているのかもしれません。ですからマニュファクチャー、F1のコンストラクターズに近いです。

――撮影所システムがほぼ崩壊している現状の日本映画において、柘植さんのような統括役の存在がいかに重要かがよくわかりました。

プロダクションからしますと、僕が入ることで予算がかかるスタッフを一人多く抱えちゃうことになるんですよね。ですから、僕は彼らに対して効果をあげなきゃならない宿命を背負っています。脚本家とか照明技師みたいに、歴史を背負ってやっている仕事じゃなくて新しく作った職種なので、これが明らかに作品にとって効果的で、興行収入に対しても効果的であるという実績をあげていかないといけない。なので、いつもかなり背水の陣なんですよ。

――だからこそ、一様に偏ることなく、これだけ幅広い表現手段にすべて対応されてきたのですね。

アメーバーですよ。相手のかたちはそれぞれ違うので、自分がふにゃって柔らかくなってないと、そのことにはまらないわけです。それからある物事の弱点を感じる能力みたいなことは、小さい頃からあったような気がします。「これをこうしたらもっといいんじゃないの？」というような。

「みんなが思っている理想ってここだよね」みたいなのがあって、「でも今置かれている現実はこういう感じなんだけど」というギャップがある。そういう時に、「ここが埋まるか、膨らむかすれば、それに近づくんじゃないの」という。なので、僕のデザインというのは、いわゆる、デザイン能力というよりは、プロダクションを補塡するためのデザイン能力のような気がするんですよね。

――作家性が強くなりすぎると、対応力が失われますからね。

そうです。自分が関われば、自分の我とかエゴを特に前に出さなくても、最終的には作家性になるかなと思っていますね。昔は、デザインの形状とか色彩について、「自分はこういうふうにやりたい」という、わかりやすい作家性はありました。でも、今はそれが作家性とは限らないかなと思っています。

二〇二四年三月四日、都内にて

第4章

大河ドラマの裏側

歴史ドラマの騎馬合戦に欠かせない「役馬」調教の極意

役馬調教・馬術指導

田中光法

大河ドラマ『鎌倉殿の13人』

たなか・みつのり／1967年生まれ、東京都出身。ラングラーランチ代表。4歳のときに家族で山梨県小淵沢に移住。NHK大河ドラマ『葵 徳川三代』『武田信玄』『真田丸』や『光る君へ』まで数々の映像作品で馬術指導を担当。

大河ドラマをはじめ、時代劇では合戦や移動のシーンで馬の存在は欠かせない。これが演出や俳優の意のままに動いて、初めて芝居が成り立つ。では、そうした撮影用の馬たちはどのようにして育てられているのだろうか——。

多くの映像作品で馬術指導を担当するラングラーランチの田中光法氏にうかがった。

撮影現場は馬には「怖い」

まずは、徹底して人間との信頼関係を作っていくんです。馬だって怖いものは怖いんです。

撮影現場って馬にとっては怖いものばかりなんですよ。大きな照明はありますし、人は大勢いるし。鎧武者はいる、旗はぴらぴらしている。槍を持った人間は襲ってくるし、大きい声を出されるし、体の上で刀を振り回されるし。

それは馬にとって本当に怖い。馬は草食動物で攻撃性があまりない動物なんです。ですから、乗馬クラブの敷地内にいる分には落ち着いているのですが、知らないロケ現場にいきなり連れて行って、同じことをするのは実は難しい。

信頼関係をちゃんと築いておけば、他へ行っても馬は安心していられるわけです。

――その段階にまで、馬を育てあげていくわけですね。

ものすごく時間をかけます。しかも、馬も人間同様、同じ育て方をしても同じように育つわけではありません。ですから、「待ってあげる調教」もとても大事にしています。馬が理解するまで待ってあげる。そして段階を踏んで育てていきます。

――水泳やピアノなど、子どもの習い事に似ていますね。

人間の教育と一緒だと思うんです。詰め込む方式だと、どうしてもストレスを感じる。子どもはストレスがつらくなる。馬も同じです。一回でも「怖い」と思ったら、それがトラウマになってしまう。だから人間との信頼関係が必要なんです。

人間が刀を振っていても「あれで自分が痛いことをされることはない」と、馬が思えているから怖がらないんです。爆破もそうです。信頼する人がそばにいてくれるから馬自身は安心しきっている。平常心でいられる。とにかくそこを徹底しています。

そうして演技ができるようになった馬を「役馬」と呼んでいます。

――撮影現場への慣れもまた必要になってきますよね。

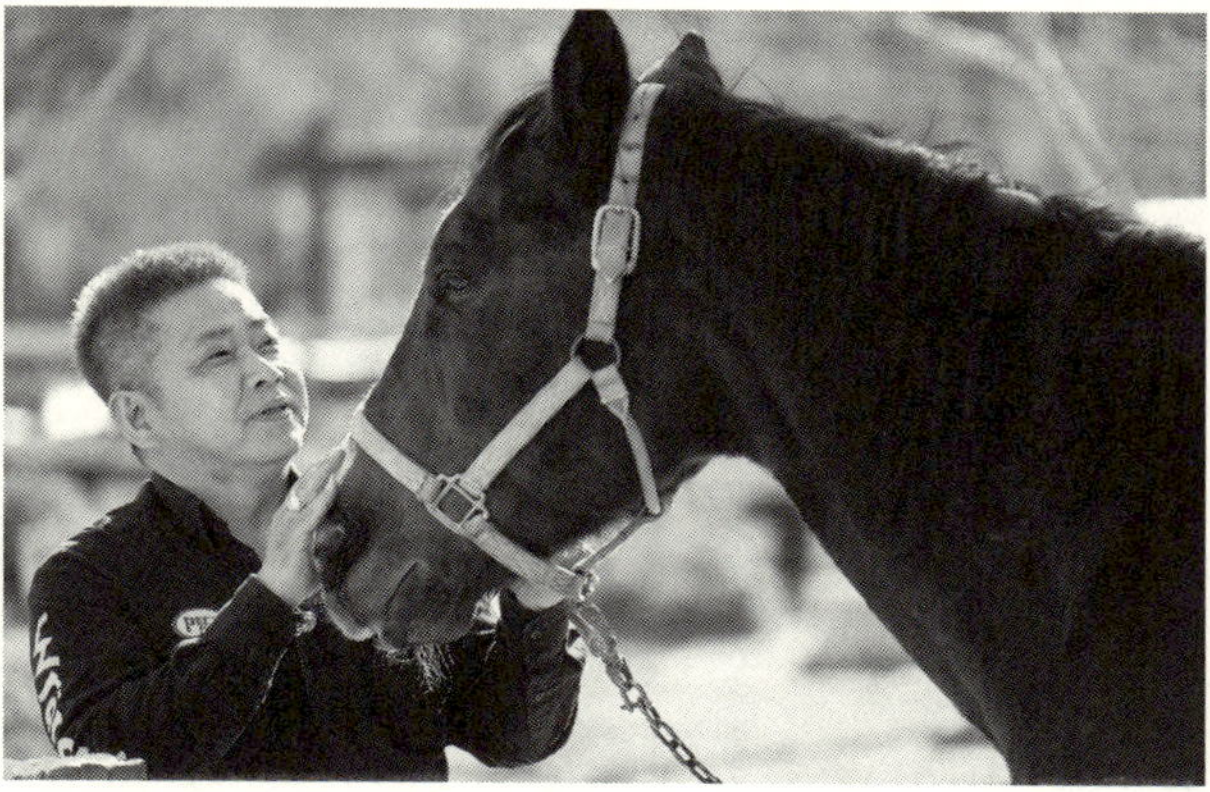

「馬は絶対にひいきをしてはいけない」と強調する

最初はエキストラの馬として現場で少しずつ経験を積ませて、「これはいけるな」という馬を役馬にしています。

——そこも人間の俳優と同じようなシステムなんですね。

どの馬でも役馬になれるわけではありません。撮影では、「いろんなことができる」能力が重要です。

競技馬を育てるほうが簡単です。その競技だけを教えていればいいので。でも、撮影の場合は、乗馬の素人に近い方を乗せて走ったり、カメラを飛び越えたり、あらゆることをやるわけです。だから、とにかく様々に対応できる馬に育てておかなければいけない。

いざ調教する時ですが、たとえば馬に「止まりなさい」という動きを教えていく時に、答えは一つなんです。「止まる」という答え。でも、数学と似ていて、答えは一つなんだけど、公式がいっぱいある、という感じです。

——答えは同じでも、そこに向かう道筋は馬ごとに違う、と。

はい。全部の馬が同じ調教で同じようには育たないんです。ですから、「こいつは何で、今、これをやりたがらないんだろう」など、常に考えながら乗っています。相手を考えながらそれに合わせた調教をしていく。長い時間をかけて育てているので、通常の乗馬クラブに比べたら、営業的にはあまりよろしくないんじゃないですかね。

——映像作品のために役馬を育成するという役割も大きいですが、あくまで意識としては「乗馬クラブ」なわけですね。

もちろんです。ここの本業は乗馬クラブで、撮影はアルバイトだと思っています。あくまで、本業の延長線上なんですよね。時間をかけて、撮影のさまざまなシチュエーションで驚かない馬にしておけば、通常のここでの営業ではもっとお客さんを安全に乗せられますから。ですから、ウチは通りすがりの方でも「馬に乗ってみたい」と言われたら、最初

山梨・小淵沢の「ラングラーランチ」では
一般の人も乗馬レッスンを受けられる

から手綱を持たせてレッスンしますよ。

――え、そうなんですか！

全く初めての方でもレッスンできるよう、馬を調教しているだけなんです。

――そうやって気軽に乗馬のレッスンを受けられるのは嬉しいですね。

通常の乗馬クラブでは、お客さんが自分の馬を持ってきて、他は誰も乗せないでという一対一の関係で付き合います。それも一つのメリットではあるんですが、馬を育てるという観点でいうと、いろんな人が乗った方がいい。いろんな人が乗ることで、馬の幅が広がっていくんです。

――馬の幅、といいますと？

たとえば、僕が一頭だけ可愛がって、僕だけしか乗らない馬を作っても、馬にとってのメリットがないんです。僕の癖に対しては反応するけれども、他の人が乗った時に一切何もできなくなってしまう。いろんな人が乗ることで、馬も「ああ、この人はあまり乗り慣れてないから、ゆっくりしてあげなきゃ」とか考えるようになって、幅が広がっていくんですよ。

——人間中心ではなく、馬のメリットまで考えて調教なさっているんですね。

ですから、スタッフには競技会で勝つことは目指すなと言っています。競技会は一過性ですから。競技者ではなく、調教者になってほしいと思っています。といいますのも、競技になると馬に無理をさせてしまうんです。それは、馬にとって楽しいことではないと僕は思う。

調教していく中で互いに関係性を築いていく方が、馬も楽しいはずなんです。「馬を働かせている」ように言われることもありますが、馬と暮らしているとわかります。馬は人間と遊びたいんです。その遊びがより楽しくなるよう、調教をしているわけです。撮影にしても、そうです。馬の生きる道を作ってあげているつもりでいます。馬に仕事を作ってあげることが、一番の愛護になっているんです。これは大事なことなので、理解していただきたいですね。

素人が乗っても「演技」できるか

――役馬にふさわしい馬は、どのように調達されているのでしょうか？

「役馬」という、役者さんが乗れる馬というのは相当仕上がっているんです。僕らみたいな技術者が乗って初めて御せる馬とは違うわけです。

役者さんは、大河ドラマでも多くて二十回から三十回ぐらいの練習しかできません。乗馬の世界ではまだまだ素人。役馬は、そうした「乗れない人」が乗っても演技ができる馬でなければなりません。

それを育てるために、僕はアメリカに直接買いつけに行きます。そして必ず全ての馬に乗り、その中から選定して買ってくる。短期間でその馬を調教しないといけないので、どんな馬でもいいわけではないんですよね。

――馬を選定される際は、どのような基準なのでしょう？

まず、人間からの操作を受けられる素直さを持っているか。それから、身体の柔らかさ、そして身体のバランスですね。あと、これは乗った時の感覚なのですが――頭の良さです。日本の馬術家でも、海外から調教が出来上がってる馬を買ってくるというパターンが意外と多いんです。その馬の身体の柔らかさとかを見ないんです。障害を飛ぶ能力があるかないかぐらいの判断でしか、馬を選定しません。

でも僕は一から育てていくので、そうはいきません。特に、身体の柔らかさは非常に重要なのです。人間も身体が硬いとケガをしやすいですよね。それに、身体を動かす時に苦しくなってしまう。これは馬も全く同じなんです。

特に馬は、ものすごく素直なので、痛いこと、苦しいこと、怖いことはやりたくないいんです。たとえば、「曲がれ」という動きを教える時にも、馬の身体が硬いと、それだけで苦しい動きになり、苦しい運動になりますよね。そうすると、「やりたくない」となってしまう。

――たしかに、ストレスなく調教をこなすために、必要ですね。

毎日の調教でもそうなのですが、朝一で乗った時にまず最初に考えることは「今日、この馬はどこが硬いかな」ということ。人間も朝起きたら、ちょっとこのへんが硬いなとかありますよね。それは馬も同じなんです。

「ここがちょっと硬いんだな」という時は、そこのストレッチをやってあげています。

——朝一番のストレッチ。それも人間と同じなんですね。

そこから高度な調教に入っていきます。いきなり乗って、すぐにあれこれ何かやるのではなく、まず馬の身体のストレッチをしっかりやってあげる。苦しいところを極力省いてから調教してあげる必要があるんです。

堺雅人も小栗旬も松本潤も「一年前」

——今度は馬ではなく、俳優側のお話をうかがわせてください。馬術の技量は俳優によって差があります。でも、実際に武将を演じる際はそれを自在に乗りこなしているように見えなければなりません。そのために、どのような指導をなさっているのでしょうか。

しっかり乗れる人ほど、絶対に「あらかじめ乗っておきたい」と言うんです。僕らのように技術があっても、初対面の馬で演じてくれと言われたら「え、どういう馬なの？　まず乗らせてください」と言います。乗れる人ほど、怖さを知っているんです。

ですから「いや、おれはできるから練習はいらない」と言う人はまだ中途半端なんです。僕がＮＨＫに伝えたのは「一度でいいから事前に役者には馬に乗ってもらい、その人がどのぐらいの技量があるのか僕に判断させてほしい」ということで。馬にまたがった瞬間に、その人の乗れる／乗れないはわかる。動く前にわかります。その上で「もう少し練習しましょう」などと頼みます。

そうやってクランクイン前に役者に練習してもらうようにしたのは、大河ドラマ『武田信玄』（一九八八年）が最初です。「うちのクラブでちゃんと練習をさせてあげてください。そうでないと危ないですよ」とＮＨＫに言いました。

——あの作品は上田原や川中島など、大掛かりな騎馬合戦のシーンも多いですからね。

最近では大河の主役になる役者さんは、真面目な方だと一年前から練習を始めます。『真田丸』（二〇一六年）の堺雅人さんも、『鎌倉殿の13人』（二二年）の小栗旬さんもそうです。『どうする家康』（二三年）の松本潤さんも一年前から練習に来ています。

練習しているうちに、みんな乗馬が楽しくなっていくんです。小栗さんはすごく進歩したので、当然本番では馬に乗ってもNGを出さない。でも、本人はもっと馬に乗っていたいから「田中さん、NG出してもいい？（笑）」と言うくらい、馬に乗るのが楽しくなっています。NGを出せば、それだけ馬に乗っていられますからね。

その余裕は、当然のように画に出てくるんです。

――馬を自然に乗りこなせれば、芝居もしやすいですし、何より武将としてリアリティが出ます。

そうなんです。馬の上でちゃんと余裕がある人なら、演技中も無意識で馬に乗っているので演技に集中できますが、そこまでいってない人だと、馬にも神経がいってしまう。演技に集中するためにも、馬とできるだけいっぱい練習しておく必要があるんですよね。

――戦国武将役なのに手綱を握る手が力んでいたりとか、馬に気がまわっているような芝居になったら……。

もう、どうしようもない、元も子もないんですよね。ましてや甲冑《かっちゅう》を着るだけでも身体の動きって、相当に制限されるので、余裕がないと演技ができないんです。

ただ、一般のお客さんに教えるようなレッスンの十倍ぐらいの速度で進めていかないと間に合わないんです。だから、それに合わせて馬の調教もしておかないといけないんです。たとえば、急に駆けだす場面で、最初は上に乗っている役者には馬へ指示を出す余裕はありません。なので、インストラクターの号令で駆け足をするように馬を準備しておくと、二、三回しか役者が乗っていなくても、すぐ駆け足を体験できるのです。

普通の乗馬クラブでいったら、多分、駆け足の指示を馬に出せるようになるまで、必要な練習は何十回じゃきかないです。

馬の頭の中をクリアにする

——大河ドラマなど、歴史もので合戦シーンは大きな魅力です。戦場を多くの馬たちが駆け巡りますが、よく考えると、これだけ多くの馬たちが一斉に、しかも戦術や陣形に応じて自在に動き、立ち回りの動きに合わせられるというのは尋常なことではありません。合戦シーンでは馬に求める動きも複雑になりますよね。どう指示されているのでしょうか。

役者さんを乗せる前に、必ずうちのスタッフが乗っています。殺陣には立ち回りの

「型」がありますよね。まずこの人が襲ってきて、次に刀をこっちへ払って——というような。それと全く同じです。

こう突っ込んでいき、そうしたら次にこちらから人が襲ってきて、次にあちらの人が刀を振りかざしてくる——ということを、うちのスタッフが乗って、ゆっくりその動きをやり、馬に覚えさせます。

人間でも、歩いている時にいきなり槍を出されたら驚きますよね。でも、事前にその動きをゆっくり体験しておけば「ああ、こちらからこの人が来るんだな」「あちらから刀を振ってくるんだな」ということは馬も覚えられる。だから、驚かなくなる。「段取り通りね」という感じで、馬がそれを覚えているわけです。

「この速度で走っていくんだよ」「ここへ来たら止まるんだよ」というのも、一、二回のテストで馬に覚えさせます。それができるのが役馬なんです。

そうすると、あとは役者さんを乗せて「よーい、スタート！」で手を離してあげれば、言われた通りに走って、言われた通りに止まることができるわけです。

——合戦シーンでは一頭だけでなく、何頭も同時に動きますよね。そのタイミングはどう

合わせているのでしょうか。

エキストラ馬に関しては、本番もうちのスタッフが乗っているので、全て役馬の動きに合わせることができます。

――動ける馬をそれだけ揃えるのも大変ですよね。

ハリウッドでは「主役専用の馬」というのがいます。でも、日本は役馬の数が少ないので、一頭の馬がさまざまな役割を演じています。役馬がエキストラをやることもありますし、一頭の馬で何人もの役者さんを乗せています。

――シーンが違えば、味方と敵方で同じ馬が出てくることもあるわけですね。

そういう時はバレないように、馬の毛色を変えるなど、「メイク」をしているんですよ。

――えっ、馬にもメイクを!?

たとえば『光る君へ』(二〇二四年)にも出演している「コロラド」という役馬は白い毛筋が鼻のところにあるのですが、その面積を半分にしたり広げたり、星形にしたり。

一頭の馬で何役もこなすので、そういう工夫をしています。

――役者さんが馬上でセリフを言う際、馬が勝手に動いてしまうと画面のフレームから外

れたり、観ている側もセリフに集中できなかったりしますよね。あの間、ピタッと止まっているのも凄いことだと思います。

馬をじっとさせることって意外と難しいんですよね。同じところにずっと立ったままで芝居をさせたりとか、何度もやっていると馬は飽きてきちゃうんです。そうすると、じっとしていられなくなります。そこは子どもと同じです。

しかも、それまで動いていたのに、次はずっと止まっていないといけないわけですから。

そういう時は馬の頭の中を一回クリアにさせてあげないといけません。それを五分から十分ほどでできる技術を僕らは持っています。

「この馬、今日は調子悪いので、一回クラブに連れ帰って、明日また改めて来ます」ということなら、大体の乗馬クラブにもできると思うんです。でも、現場で演出家の要求に合わせて、その場でがらりと馬の調子を変える調教方法は他ではできないでしょう。そうしたノウハウは、やっぱり何十年と時間をかけてこないと難しいと思います。

馬にも役者にもケガをさせない

――合戦シーンは、多くの人馬が入り乱れます。そのため、一つ間違うと人間も馬も大けがを負いかねません。それを防ぐための安全はいかに留意されているのでしょうか。

馬の出てくるシーンは、安全の上に成り立ってないと絶対に駄目だということは、必ず言ってきました。ですから、ロケ地の下見には必ず僕も行きます。

馬がそこを走れるかどうかの確認が必要なんです。この足場だと難しいから、もう少し整地してほしい、草を刈ってほしいといったことを伝えるために、僕らもロケハンに参加しています。

――撮影当日にいきなりロケ地に行ってみてから、ここは馬が危ない、ここは人が落ちたら危険、と気づいても手遅れですからね。

そうです、遅いんです。だから、前もって僕は美術下見と技術下見、二回呼ばれるんです。技術下見の時には、プロデューサー、監督が来て「カットをこう撮りたい」という要望に対して「ここをこの役者で走らせるのは厳しいから代役の役者にしましょう」など、そういったことまで綿密に打ち合わせをします。

役者も全員、一度はうちのクラブに練習しに来るので、その中で技量を見極めていきます。その上で「この人はこの馬に乗せよう」ということまで決める。相性もありますから。

また、そのシーンで要求される内容によって馬を決めることもあります。「こういう撮影ならこの馬がいいだろう」ということを決めるのも仕事です。

僕が「ここでの撮影は危険」「この俳優ではＮＧ」と言うと、ＮＨＫ側もきちんと聞いてくれます。その信頼関係も大事なんだと思います。

一般の方たちが見ても、「ここまでは大丈夫」「ここから先が危ない」という判断はつきません。その判断ができるのは僕らしかいない。

――重要な責任を背負われているのですね。

ですから、馬にケガさせない、乗り手にもケガさせないというのが僕の仕事です。そうやって安全を絶対に確保した中で、一番いい画を撮る。それが僕に課せられている仕事なんだろうなと思います。

そこには絶対に一切、手を抜かないようにしています。どれだけ長年やってきても、そこは初心に返り、必ずやっているんです。
駄目なものは駄目と、はっきり言ってあげないと、いずれは役者さんの命を守ることにも繋がるので。馬の命だけではないんです。

――しかも、その気配りを何十頭分もやらないといけないわけですからね。

過去に四十頭の馬を使った合戦シーンがありました。その日は、四十頭が走ってくるところに砲弾が撃ち込まれて、爆破して、二頭の馬が倒れて……みたいな、いつにも増して危険なシーンの撮影でした。

雑兵で二百人ほどエキストラが集まっている状況で、撮影現場は牧草地でかなりアップダウンがある。その上、直前までどしゃ降りだったんです。最終的に、撮影の可否をその現場で僕に判断してほしいと言われて。行って現場を見たら、地面はズブズブ。一目見て、「ああ、これは厳しいな」と思いました。ただでさえ危険なシーンを撮らないといけないので「今日は中止にしましょう」と言いました。その判断は僕に委ねられるんです。これは難しいですよね。

――大がかりな合戦シーンだと、撮影を一日延期するだけで予算もスケジュールも膨れま

すからね。

今日一日飛ばすと、二千万円は飛ぶわけです。でも、死亡事故が起きたら二千万円では済まない。ましてや、大河ならそんな事故が起きたら今まで撮った映像も全部お蔵入りになってしまいます。

その判断というのは、いつも冷静にできるようにしておかないといけない。

――ただ、近年は撮影にかけられる時間も少なくなってきました。そこの兼ね合いは、どうなさっていますか？

実は、そうやって丁寧にテストするのが一番の短縮なんですよ。ウチの人間がテストを二回ほどやってから本番を撮ると、ほとんど一発で撮れますから。

――事前に入念な準備をしておくことで、ＮＧや事故などでの撮り直しがなくなり、結果として早く撮り終わるということですね。

最初に全てちゃんとやっているからこそ、なんです。一日にあれだけの馬を使って、多い時には五、六十カットを撮ります。動物を使ってそれだけ撮るのは、普通ならあり得ないとよく言われますよ。

——それだけ、特別な存在なんですね。

そのかわり、ＮＨＫさんからのハードルはすごく上がってますよ。一カットの撮影時間、二十分しかとってくれないこともあります。そうなると、もう絶対に一発で決めないといけません。

「人間用の点滴セットを用意して」

——そもそも、こちらが映像作品の馬術指導をすることになった経緯をお聞かせください。

最初は黒澤明監督の映画『影武者』（一九八〇年）ですね。もともとウチの親父（※ラングラーランチ創設者で馬術指導の田中茂光）は、乗馬クラブをやるつもりはなかったんです。西部劇が好きで、西部劇ごっこするための場所を作ることを目的として、ここを始めました。カウボーイの格好をして馬に乗ったりしているところに車が通ったりすると、物珍しくて立ち寄る人が出てきて。そういう人を「ちょっと馬に乗らない？」と誘ったりしているうちに、お金を置いていく人が出てきて、それで乗馬クラブでもするかということで、乗馬クラブになったわけです。

――西部劇ごっこが、いつしか本物の映画になっていったということでしょうか。

そうですね。当時は西部劇用のクォーターホースがほとんど日本にいなくて、サラブレッドの引退馬をタダみたいに譲ってもらってました。そういう馬を西部劇ごっこするためにいろいろ慣らしていったわけです。鉄砲を撃っても平気、槍を持って襲ってきても平気、と。自分たちが遊ぶために必死に調教したのが、始まりでした。それで慣れてきたら、この目の前を小海線が走っていますが、それを襲撃するふりをしてみたり。

――西部劇の列車襲撃シーンまでやっていたんですね！

そのうち、列車の運転士もスピードを落として指鉄砲で応戦してくれたり。そんなことをしているうちに、馬が順応していけることがわかり、そういうところから映像業界に協力するようになっていきました。

――田中さんも、その頃からこちらにお住まいだったのでしょうか？

僕が小学校に上がる前にこちらに越してきました。僕は新宿のもやしっ子だったのですが、当時この辺は何もなかったので、馬に乗るくらいしかなかったんですよね。それで、学校に行くにも、片道六キロの山道を馬に乗って行ったりしていました。

——それはカッコイイ。

まあ、おかげでイジメの対象にもなりましたが。ただでさえ東京から越してきただけでも珍しいのに、馬で来ているわけですから。

——撮影に参加するようになったのは、いつ頃でしょう。

親父が「学校を休んで撮影に行くぞ」みたいな人で。中学生の時には映画『乱』（一九八五年）の撮影現場に連れていかれたりもしていました。

——印象深い撮影現場はありますか？

映画だと角川映画の『天と地と』（九〇年）ですね。あれはカナダと国内で撮ったのですが、角川がアメリカから四十頭くらい買いまして。それをこちらで調教しながら撮影をしました。二か月とか三か月とか、そういう調教期間を与えてもらえたんです。最近は予算の都合で一か月くらいしか時間をいただけないのですが。

——海外の撮影だと、勝手は違うものなのでしょうか。

僕は今まで、モンゴルも中国もフランスも行きました。向こうはかなりの頭数を集めてくれるんですよね。それに片っ端から乗っていって、一か月なら一か月で仕上げられそうな馬をピックアップして、一気にガーッと調教します。

でも、向こうだと人を一度も乗せたことのない馬も来ますし、モンゴルの時は最終的には八百頭を使ったのですが、みんなガリガリに痩せていた。それで、百メートルも走ったら体力がなくて転んでしまったり。

——日本では考えられない苦労があるわけですね。

ガリガリの馬を助けるために、まず制作に言ったのが「人間用でもいいから、点滴セットを用意してほしい」ということでした。それで毎日、五十頭くらいずつ点滴をして。とにかく、海外だと日本みたいに事が進まないので、交渉役みたいなこともしないといけないこともあるんですが、そのせいでマフィアに命を狙われたこともあります。

西田敏行が愛したリリー

——『武田信玄』で初めて大河ドラマに参加されたのは、どのような経緯だったのでしょう。

ご当地というのもあり、ここでロケをしようという話があり、そこからお付き合いが始まりました。あの時は八十頭くらいの馬を使ったと思うんですが、当時は九十パーセント以上がサラブレッドでした。それで、八十頭を使っての撮影って国内ではほとんど行われていなかったんですよね。

それで、八十頭の馬に八十人の騎馬武者が乗り込むだけで三時間くらいかかりました。三人くらいで馬を押さえていたんですが、馬が鎧武者を見ただけで驚くんです。それで、乗せる時に目隠しをしたり。あとは、二十頭くらいずつ屋内の馬場に入れて運動させて、落ち着いたところで出して、次の二十頭をまた入れて。そうしているうちに三時間くらいかかるんです。

それで、撮影は牧草地だったのですが、馬から一度でも降りてしまうと乗せるのがまた大変なんですよ。ですから、休憩の時もみんな馬の上。弁当を食べる時も、そうでした。

――『武田信玄』を演出した重光亨彦さんに以前うかがった際「小淵沢にいい牧場があるから、そこを使った」とおっしゃっていましたが、それがまさにこちらなんですね。

重光さんには、そこから本当に信頼していただけるようになりました。思い出深いのは、NHKが初めてハイビジョンで大河をやることになった『葵 徳川三代』（二〇〇〇年）です。

重光さんから「また八十頭の馬を使って合戦を撮る」というお話をいただいていました。でも、その時の親父はがんで余命半年と宣告されていたんです。それでも、親父は車いすに乗ってでもやるつもりでしたが、撮影直前に亡くなってしまって。

それで、別のところが引き継いだんですが、そこが上手くいかなかったんですよね。集めた馬たちが良くなかった。で、当時ウチには西田敏行さんの馬があったので、その関係で話がまた来たんです。

これはウチの親父がやろうとした作品なので、放っておくこともできず、僕らが参加して立て直したんです。その様子を重光さんが見ていて、「馬全般をやってほしい」と言ってくれました。

――西田敏行さんの馬もこちらにいたんですか？

リリーという馬でした。『敦煌』（一九八八年）という映画の馬術指導を親父がやっていまして。で、映画会社って「え、馬術の練習っているんですか？」みたいなところがありまして、『敦煌』の時も練習をさせずに中国に行こうとしたんです。それで親父が「ちゃんと練習しなければダメだ。しかも向こうの馬は日本の馬みたいに調教されていないから危ない」ということで、急きょ練習を入れてもらったんです。それで西田さんがいらして、それこそ西田さんのお尻の皮が剝けて鞍に血が滲むほどでした。

――猛特訓だったんですね。

当時の中国では車で馬を運ぶという考えがなく、毎日人が乗って自走で馬を現場に入れるんです。それで西田さんも馬も基地から乗って現場に入る。それを繰り返していると、馬に慣れて本人も楽しくなるんですよ。それで向こうで乗っていた馬を西田さんが気に入って、持って帰りたいと。でも、向こうの馬って小さいんです。だから親父が「これは日本で乗ってもカッコよくないよ。だったら、日本でいいのを探してあげる」ということで、見つけたのが、リリーでした。

――やはり、馬は慣れてくると楽しくなるものなんですね。

そのまま趣味にしてしまう人は多いですね。最近だと小栗旬くんもそうですし、真田広之さんもそうでした。

――真田さんもいらしていたんですね。

それこそ、最初の頃は千葉真一さんの作ったＪＡＣ（ジャパン・アクション・クラブ、現在のジャパンアクションエンタープライズ）も合宿で使われていました。真田広之さん、志穂美悦子さんの時代から合宿をされていて、そこの一年生は今でも毎年一週間ずつ馬合宿をしていますよ。

――千葉さんは時代劇でも馬術を駆使したアクションを多く開発されていましたが、その練習の場がこちらだったんですね！

その頃から毎年ですね。最初は四十人くらいで合宿をされていました。真田さんでいうと、『ラストサムライ』（二〇〇三年）のオーディションもここでやりました。渡辺謙さんと真田さんはもう出演が決まっていましたが、真田さんが見にきていましたね。

――ハリウッドのスタッフたちとのオーディションは、いかがでしたか？

馬術指導のニックという方と僕とでウチの馬を使ってオーディションをしました。その時、ニックが「この馬たちは撮影に行く馬なのか？」と聞いてくるんです。「そうだ」と答えたら、「もったいない」と言うんです。

ハリウッドだったら、主役の乗る馬があるとしたら、それに似た馬を十頭くらい用意していると。暴れるシーン用の馬、役者さんが乗ってじっとしている馬、と使い分けているんです。それは向こうの方がはるかに予算があるから。「日本は予算がないから、一頭で全てをやらないといけないんだ。だからこういう全てができる馬を作っておかないといけないんだ」と言ったら、感心してました。

スーパーホースだった「スピン」

——万能の役馬といえば、幾多の大河ドラマの主人公たちを乗せてきた名馬「スピン」がいます。二〇二一年十一月に急死してしまいましたね。

スピンは、四歳で僕がアメリカから連れてきた馬なんです。死んだ歳が二十五歳。二十一年間、うちにいました。

これは僕が全部一から調教した馬なんです。役馬って普通は「撮影現場に行く」だけでも二年ぐらい調教にかかります。ですがスピンは三か月で全ての技術を覚えて、一年後には役馬をやっていました。

ものすごく賢い馬で、僕も頼りにしていた。歴代の大河の主役を乗せてきただけでなく、エキストラの難しいシーンを撮る時でも最後はスピンに頼む。何でもできるスーパーホースだったんです。

ただ、これはうちのスタッフにもいつも言っていることなのですが、馬は絶対にひいきをしちゃ駄目なんです。馬は集団性が非常に強く、もともと群れでいる動物で、その群れの中に必ずリーダーがいます。うちの乗馬クラブにも、その中で一番上にいるリーダー馬がいる。序列を自然に作る動物なので、同じ馬に対して僕が毎日餌をあげたりはしていないんです。「ここで一番力を持っている人間は誰か」というのを馬は簡単に判断できるので。

――どれだけ愛着があっても平等に扱う必要がある、と。

はい。僕は心の中ではスピンに絶大なる信頼を寄せていたし、ものすごく可愛がっていましたが、それはあくまで僕の心の中だけに留めておかないといけません。実際に馬に触る時には、僕はどの馬もひいきはしないです。一頭の馬を触るんだったら、全頭の馬を触ってやるとか、そういうことを必ず心がけているんです。

でも、いざスピンを失った時に、ちょっと今までにないくらい、ショックが大きかったです。

――それだけ愛されていたんですね。

はい。初めて、乗馬クラブもすべてやめたくなっちゃったんです。何十年とやってきているので、馬の最期は何度も見てきてはいるんですけど、こんな気持ちになったのは本当に初めてで。撮影から何からすべて嫌になっちゃったんです。こんな思いをするんだったら全部やめようと思うぐらい。

でも、スピンの映像はこれからも残り続けるんです。亡くなった後にもこれだけの映像を残せる馬って本当に少ない。そう考えると、幸せな馬だったなと思います。

でも、その後ですごく嬉しかったことがあります。僕のフェイスブックにスピンが死んだということを書いたんです。そうしたら、多くの人がそれを見てくれて、大河の現場でご縁があった栗原英雄さんが堺雅人さんへ連絡を取ってくれました。そうして堺さんからも僕にメッセージが届きました。

その後、多くの役者さんや一般の大河ファンの方々からもメッセージ、お花、お香典までいただいて……。馬にとって、これまであり得ないことでした。それだけみんなに愛されていたということですよね。

やっぱり、馬も立派な出演者なんです。

――考えてみると、戦国時代にこの甲州を治めていた武田信玄は騎馬隊の力で勢力を広げました。その甲州に、日本最強の馬術指導の乗馬クラブがあるというのも、何かの縁な気がします。

この小淵沢が標高、気候、降水量、さまざまな面で馬を飼うのに非常に適しているというのがまずあります。

でも、戦国時代の騎馬隊はあくまで攪乱《かくらん》要員だったようです。戦闘力そのものは弱い。下から長い槍で突かれたら、どうにもなりませんから。それに、馬ってやっぱり臆病なんです。大将に「かかれ！」と言われたところで、半分くらいはどこかに行っちゃいますよ。

――ということは、ここの馬たちは武田の騎馬隊でもできなかったことが戦場でできているわけですね。

今タイムスリップしたら、これだけ物怖じしないでどこでも突っ込める馬たちを使って天下統一できるな、なんて考えることもありますよ。

二〇二二年二月二六日、山梨・北杜にて

「納得感のある殺陣」で大河ドラマの戦闘シーンを継承

殺陣指導　中川邦史朗

大河ドラマ『真田丸』

なかがわ・くにしろう／1971年生まれ、北海道出身。若駒プロ所属。大河ドラマ『真田丸』、時代劇『陽炎の辻完結篇』、連続テレビ小説『ちむどんどん』の殺陣指導を担当。

二〇一六年のNHK大河ドラマ『真田丸』は、三谷幸喜脚本らしいコミカルな人物描写も多い一方、平和主義的な路線が主流となっていたその時期の大河では珍しく、策謀や暗殺などの血なまぐさい場面や合戦シーンもスリリングに描かれていた。

その殺陣を担当したのが中川邦史朗氏。それまで大河ドラマの大半で殺陣を担当してきた林邦史朗氏の弟子にあたる。

『真田丸』が目指した「ザ・大河ドラマ」

——これまで大河ドラマの殺陣は中川さんの師・林邦史朗さんが担当されてきました。ところが『真田丸』では中川さんが担当されていますね。

僕が聞いた話では、『真田丸』は時代劇に慣れていない俳優さんが多く出ているから、というのがあったようです。そのため、それなりに殺陣の稽古を事前にする必要がありました。でも林先生はご高齢になっていたので、稽古に一回一回お付き合いさせるのは申し訳ない、と。

以前の大河であれば、殺陣に慣れている俳優さんも多かったので、極端に言えば現場にいきなり行って殺陣をつけて二回か三回リハーサルをすれば本番に入れました。
でも、今はそういきませんからね。何回も稽古にお付き合いして、本番にもお付き合いして、というのは先生は大変だということで、誰か若い人がいいということで、私が推薦されたようです。

——この抜擢には、中川さんのどういった点が買われたのでしょう。

これまでも、僕が先輩の殺陣師についている時も、若い役者さんだと先輩方は顔も怖いようで、隣にいる私の方が聞きやすいというのがあったようです。『真田丸』も若い方が多いですからね。そういう気安さ、相談しやすさがあって、僕になったのだと思います。

——プレッシャーなどはありましたか?

言われた時は「ふーん」という感じでした。きっと怖かったんでしょうけど、それを感じないようにしていたんだと思います。そのうちに、だんだん日が迫ってきて台本が送られてくるようになると、「ああ、これをやるのか……」と実感がわいてきましたね。
でも、現場に行ったら、どんなに飾っても実力以上のものは出せませんからね。もう「やったれ」という感じでした。もちろん下調べなどはしましたが、とにかく、今その時

「観ている人にちゃんと伝わる」ことを心がけている

の自分の実力を発揮できるようにという。

――合戦シーンなども多くあった作品です。殺陣はどのようなことを重視して組み立てられたのでしょう。

最初に監督さんとプロデューサーさんがされたのは、「雑兵の槍って、実は突きませんよね」という話でした。僕も歴史好きだから、そのことは知っていました。たとえば織田軍なら、六メートルくらいの槍を持って一列に並んで、相手の頭を叩く。その我慢比べみたいなところがあって、弱気になった方が崩れて負けてしまう。

でも、それをドラマ上でやると、まず長い槍を俳優が重くて操れません。それから、頭を叩き合うという画がどうしても牧歌的になってしまう。やはり、ダーンと激突した方が戦場の迫力が伝わるわけです。

その辺を確認し合って、槍の使い方はリアル寄りで行こうと。

ただ一方で、「今度の『真田丸』に関しては王道を行きたい。奇をてらった大河ドラマじゃなく、『独眼竜政宗』（一九八七年）などのように重厚な『ザ・大河ドラマ』を」ということだったので、僕も自分が幼い頃に見ていた大河ドラマの記憶を思い返しながら殺陣を作りました。

「どうして勝ったか」を見せたい

――序盤などは暗殺場面も多くありました。ああした場面の手（一つ一つの動き）はどのように作られたのでしょう。

場面の雰囲気はちゃんと台本上に書かれているので「三谷さんはこういうことをやりたいんだな」と汲み取って殺陣をつけたつもりです。ただ、放映時間が日曜の夜八時ですから、斬られた時に出る血の量はどれぐらいがいいかなど、そういう相談は現場レベルでやっていましたね。これだと多すぎるかな、でも全然出ないのはちょっとおかしい――とか。手自体は奇をてらわず、割とシンプルです。人を殺す時は速くて小さな動きで。それでいて、観ている人にちゃんと伝わるように。そこのさじ加減だけで、その手自体はそんなに難しいことはしていないと思います。

――今、「さじ加減」とあっさり言われましたけど「速くて小さい動きだけど観ている人にちゃんと伝わるように」というのは簡単そうで難しいことにも思えます。

最近の時代劇の立ち回りを観ていると、スピーディで疾走感はあるけれど、休まるところがないんですよね。だから観ている間は面白いんですが、終わると「いま、何をやっていたんだ」「どっちが斬られたんだっけ」と印象に残らないというのが僕の中にありました。斬られるところ、刺されるところは観ている人に伝わるようにする必要があると思うんです。実際の剣術のリアルなスピードではなく「今、どこをやられました」ということを確実に伝えないと。

――リアクションで伝える、と。

どれだけ速く斬っていても、いつの間にか人が倒れて、血が流れて「ああ、死んだんだ」では僕にとっては、面白味がありません。リアクションで伝える殺陣こそが昔の時代劇であり、「王道」なのではないかという気がしていました。

——昔からの王道の素晴らしさを踏まえた先に、ああした殺陣があったわけですね。

昔からずっと受け継がれてきたことは重要なんです。立ち回りというのは刀と人だけでの表現なのですが、それだけで表現できることって限られていると思います。

それと、これは僕の性格なのですが、ただ「戦って勝つ」というのではなくて、「どうして勝ったか」が見えないと面白くない。「ただ強いから勝った」では、僕は納得できないんです。

たとえば宮本武蔵が巌流島で日光を背にして佐々木小次郎が「うっ、まぶしい」となったりとか、海に櫂《かい》を沈めることによって、櫂の長さが読み切れないとか。そういうことを観ている側にも伝えて「だから、勝てたんだ」と、勝つ側にもそれなりの理由があるよねっていうのがないと、観ていてすっきりしないんじゃないかなというのがあります。単に速いとか力が強いとか、そういう勝敗を決するのは、どうなんだろうというのが僕にはあります。

――たしかに、時代劇の場合は「主人公だから、とりあえず強い。強いから勝つ」という文脈に陥りがちです。

僕の場合、観ていて「あ、なるほど」という納得感のある殺陣が面白く感じるんですよ。時代劇は劇、お芝居ですからその当時のことをそのままやっているわけではありません。いろいろと端折っているわけです。

でも、歴史の本を読んでみると、その端折ってある点が「あ、こうだからこうなのね」とか、納得する部分がすごくあって。

たとえば、時代劇で盗賊が屋根から屋根を伝って逃げるじゃないですか。あれはなぜそうするかというと、通りには町ごとに木戸があって、夜になると閉められるからなんです。

――つまり、そこに木戸のカットが入ると、「ただのパターン芝居」とは異なる納得感が生まれる。

そうなんです。そういうことを踏まえておくと、屋根を逃げるシーンも、なんとなくカッコイイという感じとか、「ああ、いつものね」という感じとは違う、意味のある受け止められ方をするのではと思うんですよ。

――作り手も受け手も、そうした一つ一つを「様式」として誤魔化してきましたが、そこを突き詰めることで、また新しい見え方があるかもしれませんね。

これからの時代劇は、そこが重要なんじゃないかなと思います。

――そうした考えには林邦史朗さんの殺陣の流儀も底流にあるのでしょうか。

もちろんです。僕が林先生から習ったのは、やはりリアリティの重要性です。リアルを求め過ぎるとそれはそれでつまらないものになるのですが、完全に奇想天外なことをやっても観ていて面白くない。

――そこのバランスが肝要だと。

観ていて「本物っぽいな」という感じですよね。そうやったら、こうなるよね、という。斬られる芝居一つとっても、「日本刀で人が斬られたら、人ってこうなるよね」って観ている側が納得できる斬られ方をするということです。

それは斬る側も同じです。実際は軽い竹光を使っているわけですが、それでも本物の刀を使っているような振り方をしないといけません。また、一方的に斬るのではなく、斬る側が相手の攻撃をちょっとかわして、体をさばいて、よけながら斬る。そのことによって、斬る側と斬られる側の技術の差が観ている側にハッキリと伝わります。
そういったリアリティというのは、僕の殺陣で最も大事にしているところです。

ウォーズマンとバッファローマン

——殺陣のシーンは、三谷幸喜さんの台本にはどのくらい書き込まれていたのでしょう。

場面にもよりますが、たとえば佐助と服部半蔵という忍者同士が戦う場面は、とにかく「戦う」ということしか書いていなくて。最後には逃げることだけは書かれていたのですが、その間の動きはこちらで考えることになりました。

そこで、道場で後輩と「こんな手はどうかな」と映像に撮ってみて、それを監督にお見せしたところで、本人たちにもここに来てもらって稽古をしてもらいました。そういう意味では、自由にやらせてもらいましたね。

——忍者同士の戦いは武将と違ってきますよね。

これはあくまで僕のイメージなのですが。やっぱり忍者ですから短刀とか、手元にある短い物を使って接近戦の体術で戦う手を作りましたね。

この時は、最後に半蔵が佐助を刺したと思ったら実は紙の人形で、次の瞬間に佐助が上から襲ってくるのはどうだろうと思って。監督に提案したら了承してもらえたので、小道具さんに作ってもらいました。ただ消えていなくなるんじゃなくて、分身の術とはいっても、何か別の物に置き換えられたら面白いんじゃないかと思ったんです。

——そうしたアイデアの源泉は、どういったところにありますか？

僕は歴史が好きなので、まずは歴史の本ですね。それから、漫画やアニメーションで育った世代なので、そこからアイデアとまではいかなくとも、イメージは浮かべていますね。たとえば『真田丸』では、真田信繁が大坂城に来て加藤清正とぶつかる場面がそうでした。清正が信繁を井戸に投げ捨てようとする殺陣なのですが。力で押してくる清正に対して、信繁は相手の腕をひねるという技で返そうとします。それでも清正の力が勝って、そのまま井戸まで連れていかれてしまう。

この時、堺雅人さんが「あ、これはウォーズマンとバッファローマンだよね」って言われたんですよ。わかります？

——はい。私もズバリその世代ですから。漫画の『キン肉マン』（一九七九年〜）ですよ

ね。圧倒的なパワーのバッファローマンに対して、ウォーズマンがスピードと多彩な技で対抗しようとするも歯が立たなかったという。

そうなんですよ。それで、堺さんに言われて気づいたんです。あの試合の力対技のイメージを頭の隅に置いていたんだなと。

――堺さんも同世代だから、そこに気づいたんですね。

堺さんでいうと、『塚原卜伝《ぼくでん》』（二〇一一年）というNHKのテレビシリーズをやった時も、アニメーションをヒントにしました。その時の僕は補助だったのですが、監督が「変わった武器はないか」と相談されたので、薙刀《なぎなた》を提案したんです。しかも、両端に刃が付いている。

――あ、ゲルググですね！

はい、その時は『機動戦士ガンダム』（一九七九年）に登場したモビルスーツのゲルググをイメージしました。でも、あれは実は使いにくいんです。薙刀の両端の刃がそれぞれ逆を向いていますから。片方で振ると、次は一度ひねらないと刃の側が当たらないんですよ。

――たしかに、ゲルググは回転させながら斬っていますからね。

実際の人間がぐるぐる回し続けながら斬りにいくことはできませんから。人間が使うとすると、刃は同じ方向に付いていた方が斬りやすい。一つ勉強になりました。

上田城のセットが生んだ殺陣

――真田勢が二度にわたって徳川の大軍をしりぞける上田城での攻防戦や、タイトルにもなった真田丸での攻防戦など、城を舞台にした合戦シーンがあり、いずれも工夫を凝らした殺陣が展開されていました。

上田合戦の時は監督からの絵コンテはなかったのですが、その代わりに大道具さんたちがいろいろな仕掛けを「これでもか」っていうほど作ってくれました。「中川さん、あそこから丸太が落ちます」「あそこのロープから石が飛んできます」と。

そうなりますと、そこには人を配置して穴に落ちたり石に当たたって「わあっ！」となるリアクションをとってもらおうということになるわけです。そういう美術スタッフや大道具さんのイメージがあって、そこから「このカットを撮るならこういう方向からこうやられましょう」と手をつけさせていただきました。

——あの上田城は、いろいろな仕掛けが施されたセットでしたからね。

僕も最初に観た時は「おう、ここでやるのか！」と思いました。

——そうしたセットだからこその、新たに浮かんだ殺陣のアイデアもありましたか？

少ない人数で真田側が城を守るための戦術で、城下町の大通りから二の丸に至る道がどんどん狭くなり、最後は一人ずつしか通れないようなセットだったんです。

その道の出口に辿り着いた徳川勢を八人ほどの農兵が取り囲んで槍で攻撃する時に、一人おきに「叩く」と「突く」を交互にする殺陣にしたんです。

やられる側も上から叩かれるのを防ごうと思ったら、お腹があくから突かれてやられる。次は突いてくるなってお腹を守ったら、上から叩かれる。そうしたリアクションをしたり、周りの堀に落ちたり、様々なリアクションがいくつかできたので、面白かったんじゃないのかなと思います。

——スタッフも含めたさまざまな人たちのアイデアが集約されて、あの戦闘シーンになっていたわけですね。

そうです。周りから見たら「今度は若くて頼りない殺陣師だし、私たちが支えてやるか」みたいな感じで、いろんなアイデアを出してくださったんですよね。それに対して僕も「あっ、じゃあ、使わせていただきます」って言いながら作っていったんです。

ですから、『真田丸』では僕はすごくいろいろな人に助けられました。

『葵』の関ヶ原

――林邦史朗さんは殺陣を中川さんに任される一方、『真田丸』に短い時間ながら、武田信玄役で出演もなさっていますね。林さんは放送の前年、二〇一五年十月に亡くなったので、結果としてこれが最後の出演となってしまいました。

林先生は元々は役者として出る方をやりたかったんです。それで、武田信玄は劇中で大きなキーになる役柄で、面を着けているんですがその奥から感じられる目の強さが求められていました。それもあって、監督がキャスティングしてくれたんです。

その時の林先生はもう病気が見つかっていて、体調的には苦しいところもありました。それでも「やる」とおっしゃって。武田信玄役をすごく喜んで引き受けてくださいました。

武田信玄が着ける諏訪法性《すわほっしょう》の鎧って重いんですよ。それを気を張って、頑張って……。本番直前まで、僕も鎧の肩のところを持って浮かせて、負担がかからないようにしていました。

あのシーンに懸ける林先生の想いは周りもわかっていたので、撮影の際には先輩も含めてウチのメンバーが集まっていました。

——林邦史朗さんは大河ドラマの初期から参加して、数多くの殺陣を作ってきました。他の時代劇に比べて大河は合戦シーンが多いですが、林さんはどのように合戦シーンの殺陣を作られてきたのでしょうか。

林先生が殺陣を教える俳優養成所に来ている方たちの中から「この子はできるから、今度の大河に連れてきて」と事務所に伝えて、技術があるメンバーを集めていました。ですから、合戦シーンの端役でもある程度は技量がある人が集められています。

——合戦での動きはどのように指示されていたのでしょう?

何人かのグループに分かれて、そのグループごとに若駒アクション部が一人ずつ入って束ねていました。そしてモニターで確認しながら、「あそこはちょっとスピードがぬるいな」とか、「もうちょっと激しくやって」とか「あそこはもうちょっとカメラ方向に寄せて」とか、指示を出していくわけです。その上で束ね役が一人一人に動きをつけていきます。

基本的にカメラ前の目立つところとか、画面の手前は細かく殺陣をつけますが、奥のほうは割と自由にやってもらっているんです。それよりも、怪我のないようにすることが大事でした。

——そうなると、束ね役として前線に出向くお弟子さんたちの役割も重要になりますね。

そう。分業作業でもあるんです。出演者の人数が一番多かったのが『葵 徳川三代』（二〇〇〇年）でした。

あの時は、うちのメンバー一人につき、十五人から二十人ぐらい束ねていましたね。「中川チームはあのへんあたりに行って」と指示をされたら、そこにエキストラの人たちを連れていって画を埋めていきました。

——『葵』の関ヶ原のシーンは、大河史上でも屈指のスケールでした。

大河では初のハイビジョン撮影でしたからね。馬も最大で二百頭くらい出たと思います。

林邦史朗氏は『太閤記』以降、殺陣指導を50年間務めた

馬に乗って撮影したら、また降りて隣のブロックに行ってまた乗って。それから動きの指示を出して陣を作って。けっこう手間暇がかかっているんですよ。撮る方も大変でしょうけど、やる方も大変でした。

――個々の兵たちの戦闘での動きはどのようにつけられたのでしょう?

「そういうふうに戦うよね」という、視聴者に理にかなうと思ってもらえるようなリアリティを大事にしていました。いかに危なくないように、リアリティを積み上げていくか。

たとえ、それが「作り物」だとしても、観ている人に「本物」と思ってもらえることが大事です。「ああ、そうか、そうなるかもしれない」って視聴者を納得させられないと。それがないと、観ていても軍勢同士がバーンってぶつかり合うだけで終わってしまいますから。

実際にはまず石を投げて、次は矢を放って、次に槍で攻撃して、最後にぶつかり合うといった具合に、徐々に距離が近づくにつれて段階があるんですよね。そこで、これは先生の案か監督の案かはわからないのですが、『軍師官兵衛』（二〇一四年）の時には紐で布を縛って、それを使って石を投げるという戦い方をしています。

――そうした説得力のある合戦シーンを作るためには、具体的にどのような工夫をなさってきましたか？

たとえばクローズアップした時に、単に刀をチャンチャンとぶつけ合っているだけではなくて肉弾戦を入れたりするわけです。相手によって、今でいう柔術や合気道の技で足を引っかけて倒すとか。

そういうのをところどころに入れて、メリハリとまでは言わないですが、画として、どこを見てもみんな同じにならないようにというのを考えます。

――そうした殺陣をつけるためには、武将役だけでなく個々の兵を演じる役者たちの技量

も重要になってきますね。

まあ画面の遠くにいる人たちはそうでもないので細かくは言いませんが。画面の手前だったりとか、カメラを振った時に目立つところにいる人は、変わったことをやる必要はありますね。

ただ僕の場合は幸いなことに、優れた先輩方がたくさんいますから。先輩たちがいつの間にか何かを投げているとか、誰か後輩を蹴っ飛ばしているとか、そういう動きのアクセントを自然と入れてくれるんです。それを見て、「おっ、さすがだ」と感心することは多々あります。

——特に一時期の民放のテレビ時代劇はお決まりの殺陣に終始しがちでした。

でも、僕もNHKの連続時代劇で殺陣をつけた時に思いましたよ。ああ、これは大変だ、と。大河ドラマの場合はストーリーが進んでいくので、人の成長に応じて変化をつけられるんです。でも、一話完結で次から次へとなると、毎回のバリエーションを考えるのは本当に大変なんですよ。

京都の殺陣師の人たちは、これをずっとやっていたのかと思うと、それは同じようにならざるをえませんよ。

足さばき、体さばきから

——中川さんの世代ですと子どもの頃は時代劇への馴染みはもう薄いですよね。

五月人形に付いていた、抜ける太刀があるじゃないですか。小さい頃は、それを抜いて遊んでいたことはありますね。

それで、あれは何をやっていたんだろうと振り返ると、萬屋錦之介さんの「てめえら人間じゃねえ！　叩き斬ってやる」という。

——ああ『破れ傘刀舟悪人狩り』（一九七四〜七七年）ですね。

あれをやっていたみたいです。三歳とか、そのくらいの時でした。今から思うと、それが僕の「カッコイイ」の原点だったかもしれません。

——そのまま時代劇にハマっていったのでしょうか。

そうでもないです。たとえばテレビの時代劇のはじめの方だけを観て、ファミコンを少しやってチャンネルを変えたら、ちょうど「めでたしめでたし」みたいな。それで観た気になっていました。子どもからすると、人情噺ってなかなか話が進まなく感じるから、飽きてファミコンをやってしまうわけです。

ただ、大河ドラマだけは僕の中で別物でしたね。もちろん多分にフィクション要素はあるわけですが、それでも自分の今の生活と地続きになっている日本の歴史という感じがしたといいますか。

――そんな中川さんが殺陣師の道に進まれたのは、どのような経緯なのでしょう。

いつの間にか、というのが正直なところです。ここにいる人たちは割とみんなそうなのですが。役者になりたくて、役者になるための武器として殺陣を身につけて、という意味合いでここに来るんです。それで、ここに残るメンバーというのは、セリフはちょっと苦手だけど殺陣は好きという。

それに加えて僕の場合は、アクションというよりは日本史が好きだったんですよね。それで小さい頃から大河ドラマを観ていて、その流れで林先生のところに来たというのがあります。

――大河の現場に触れるには最適の場ですからね。

それで、立ち回りをする方から徐々に、林先生のお手伝いをする方になっていきました。合戦シーンで「あそこのチームをもうちょっとなんとかしろ」と先生に言われたら、「はいっ！」って走っていって、「もうちょっとここは激しく！」とか指示を出して。

そういうところから、NHKの時代劇で先輩が殺陣師をした時にその補助に付いたりとか、主役の方が立ち回りをする時に代わりをするとか、逆に相手役の方が稽古で来た時には主役の代わりに一緒にやるとか。そういうことをしながら、徐々にスタッフ側に回っていった感じです。

——最初は役者を目指していたのが殺陣師になられたわけですが、その時はどのような想いでしたか。

役者でも、よほど有名にならない限りは、たとえば大河が五十話あっても脇役で一話に出られるかどうかですよね。その回の台本ももらうことができず、斬られるだけで出番が終わることもあります。そうなると、果たしてこれで作品に携わっていたのかって。参加した実感は薄くなると思うんです。

でも、この仕事は五十話にずっと携われます。ですから、作品づくりの面白さとしては、今の方が充実していると思います。

――殺陣に関して、「林流」というのはどのような点を大事にして稽古をなさってきましたか？

他で習ったことはあまりないのですが、ウチではまず足さばき、体さばきを重視しています。相手の攻撃をかわす術です。

立ち回りで刀を使う時、割と手に注目がいきますよね。そうすると下半身が全く動かなくなって、棒のような状態になってしまう。

舞台であれば周りが動きますが、映像はそうではありません。自分が動いて、攻撃をかわしながら斬る。そうやって動きが多くなるので、手と足を別々に連動させて動く必要があります。

その第一歩として足さばき、体さばきから始まり、それから手に移っていくわけです。

――殺陣に慣れていない俳優が大河に出ることになり、こちらに稽古に来られる際も、そうしたところから教えられるのでしょうか。

そうですね。基礎のステップというのがまずあります。どんなものでも基礎って地味で面白くないんでしょうけれど、それをちゃんと覚えてもらいます。それをすることで、今度は連続の動きになっても対応できますから。

――ここで稽古できたおかげで殺陣ができるようになったと語る俳優さんは多いです。

若い人ほど、時代劇の経験のある役者さんっていないですよね。そういう意味では、早い段階から稽古場に集まってもらって、侍の動きを身体で感じてもらうことは大事だと思っています。

『新選組！』（二〇〇四年）の時がまさにそうで、劇中でも最初は農民だった人たちが徐々に侍らしくなっていきますが、それにリンクして俳優さんたちの殺陣も上達して侍になっていくんですよね。そこは見ていて面白かったです。

――殺陣を初めてする俳優さんを指導される際、特に心がけられているのは、どういった点でしょうか。

役者さんごとにお芝居の上手い下手はあります。立ち回りもお芝居ですから、演技が上手い人は立ち回りも特別に下手ということはないですね、

要注意なのは、中途半端な人です。役に入り込み過ぎてしまうと、立ち回りになって

「戦う」という気持ちだけでやってしまうんです。すると間合いや手の順番を間違って相手に刀を当ててケガをさせることがあるんです。

ですので、夢中になり過ぎないことが大事です。周りが見えないほど夢中になってしまうと、思わぬ事故につながりますから。そこは最初に気をつけてもらうよう言っています。

――それに竹光といっても先は尖っていますから、刀の高さや角度を間違えると相手の顔や頭に刺さることもあります。

刀を頭の高さで横にして振り回さないというのは大事です。基本的に「それは危ないよ」という動きは意識して、それはしないように伝えています。

――本番になると、また力も入るでしょうからね。

練習とかテストでちゃんとやってくれていても、本番で入り過ぎて急に違うことをやり始める人もいるんですよね。ですから、のめり込み過ぎないことが大事です。

これは斬る側だけでなく、斬られる側も同じです。斬られる時に夢中になり過ぎて、重心がコントロールできなくなって鞘を折ってしまったり、そのへんにある小道具と一緒に倒れたり。

ですから、冷静に体をさばく、刀を振るというのも練習してもらっています。

――以前、林さんにお話をうかがったことがあるのですが。安全に配慮できない人間は殺陣師の資格はないとおっしゃっていました。

そうなんですよね。最近、舞台などでその意識が薄い方もいるようです。アルミや居合刀を使って立ち回りをして、本当に刺さってしまったり。せっかく俳優さんが興味をもって立ち回りをしてみても、そういう悲しい事故が起きてやめてしまっては、あまりに残念です。

ですから最近はYouTubeも始めていまして、そこでは立ち回りでの安全性に対して警鐘を鳴らすようにしています。

二〇二一年一〇月二日、埼玉・朝霞にて

第5章

映画を売る！

北野武監督が信頼を寄せる〝引き算〟のポスターデザイン

ポスターデザイナー　中平一史

映画『アウトレイジ』シリーズ

なかだいら・かずし／株式会社Viemo代表取締役。アートディレクター、グラフィックデザイナー。『BROTHER』及び『TAKESHIS'』以降、『アウトレイジ　最終章』までの北野映画のポスターやタイトルロゴデザイン等を担当。

二〇一〇年に公開された北野武監督・主演の映画『アウトレイジ』は、激しく入り乱れるヤクザたちの抗争を、たっぷりのバイオレンス描写とともに展開させて人気を博した。主要登場人物の顔の半分だけを並べた思い切ったデザインのポスターはインパクトが強く、迫力あるイメージ作りに大きく貢献している。

そのポスターをデザインした中平一史氏に創作秘話をうかがった。

ビートたけしのいちばん怖い顔

——どのようにしてあのデザインになっていったのか、経緯をお聞かせください。

最初はティザー（作品全体の情報を知らせない、早い段階での速報的な広告）のデザインをします。登場人物から四人だけ入れるという条件でしたので、その中で様々なパターンを作っています。

そうした中で、それぞれの両目だけを横広にトリミングして並べることにしました。やくざ映画で一番怖いのは、やはり目ですからね。

——『柳生一族の陰謀』（一九七八年、東映）のポスターがまさに、そんな感じでした。

たしかに、その印象はどこかに強く残っていたかもしれません。

――それが正式な本ポスターになると「目だけ」から「顔半分」になっていったと。

今度は十一人を並べるのですが、それをどう割り振ろうかと、これもいくつもパターンを試作しました。それで、顔をフルで収めるよりも、アップにして顔の半分をトリミングすることにしたんです。

――このクラスの俳優さんたちの顔を切ってしまうというのは、なかなか勇気のいることです。

それは北野監督だからこそやらせてもらえたのかもしれません。

――それぞれの写真は新たに撮影されたのでしょうか?

場面写真ですね。実際に役を演じた現場の写真じゃないと、ニュアンスが変わってしまうと思いまして。

――ビートたけしさんのニヤッとした顔が特に怖いです。

あの写真は前半、中野英雄さんの顔を斬るシーンの表情ですね。いちばん怖い。

皆さんの顔を選ぶのはとても贅沢な作業でした。まずはとにかく「いい顔」の写真を選

『アウトレイジ』のティザー（左）と正式な本ポスター

び、それをレイアウトしていきながら「あ、この写真だとバランスがとりづらいな」と選び直したりしています。

――写真をレイアウトする上で、特に意識されたのはどのような点でしょうか？

横並びになるので、それぞれの俳優さんたちの目の高さを揃えました。ティザーの時と同じく、目の怖さを強調したかったんですよ。

銀を足して「ギラギラ感」を出す

――あのポスターでは、余計な文言を入れず「全員悪人」と一言だけ添えられたコピーもまた、大きなインパクトを与えました。

あの「全員悪人」というコピーが一番簡潔で

キャッチーでしたから、宣伝側としても「全員悪人」をどう強調させようかという意図はありましたね。

――その狙いは、ズバリ成功したと思います。

何より目立つセンターに「全員悪人」を入れることにしました。上段の四人と下段の七人、全ての写真にかかるようにレイアウトしています。

――それによって、「この全員が悪人なんだ」とパッと見てわかるようになっています。

全員にかかるコピーだということが重要でした。下段の方に入れると、全員という印象が薄まってしまいますからね。

――書体については、どう考えられましたか?

明朝は考えていませんでしたね。太いゴシックで、強いイメージでやろうと。それで文字間もギチギチに詰めました。

――そして、写真はモノトーン。これも迫力がありました。

実は、印刷の段階で銀のインクを少し入れているんです。プロセスカラーで再現したモノクロだと、どうしてもこのギラギラ感が出てこない。そこに銀のアミを少し足すことで、テカリが出てこういったギラギラ感が増すわけです。

——このポスターをマネしたくて、スマホのアプリを使って写真をモノクロに処理してみることがあるのですが、なかなか同じ迫力が出ないのはつまり……。

こちらには銀が入っているからなんです。

——一方で「アウトレイジ」というタイトルはピンク色ですね。

最初は赤だったんです。でも、赤だとダイレクトに血の色を連想させてしまうということで「ちょっと怖い」となりまして。

それだったら思い切ってピンクにふった方がやくざ映画として新しいカタチになると思いました。

——モノクロの写真でタイトルが赤だと『仁義なき戦い』（一九七三年）のイメージになってしまいますからね。

赤系統というのはある段階から決めていたのですが、ピンクにすれば赤とは異なるニュアンスになりますし、生々しさが緩和されるという意識はありました。

——怖さや生々しさを避けようという意識もあったわけですね。

当初はモノトーンだけの、もっとハードなイメージのデザインも作っていました。ジョニー・トー監督の撮った香港ノワール映画のような。

「これで行こう」と決定寸前になっていたところ、宣伝担当の女性たちから「怖い」という感想が上がりまして。やくざ映画ですからメインターゲットは男性でしたが、女性の方に怖すぎて引かれてしまってはよくないと思い、方向転換していくことになりました。

ありったけのパターンを作ってそぎ落とす

――あのポスターは以後、さまざまな形でパロディ的に使われ、親しまれていますね。

格闘技の大会ポスターでほぼ同じ構成でデザインされているものがありました。それは嬉しかったです。

――それだけ大きな発明ともいえるデザインでした。

いくつものパターンを試作していったことの成果だと思います。この時もラフデザインはバリエーション含め三十から四十案ほど出しました。一つの概念にとらわれてしまうと、他のアイデアが出てきません。「別パターンで考えたらどうなるだろう」という選択肢は常に残すようにしています。

ありったけのパターンを作っていって、そこからそぎ落としていくわけです。北野監督は一貫性がある方なので、「たぶんこの辺りに着地していくのでは」というところも想定しながら進行させていきます。

こちらからは考えられる全ての提案をしますが、監督はそこから引き算で選んでくださいます。ですから、チームワークができていて、流れとしてもスムーズで、凄くありがたいですね。また常に指示が的確なので、モチベーションが下がることもありませんでした。

――北野監督からはポスターに何か指示はあるのでしょうか？

最初からテーマなどをこちらに指示されることはありませんね。また、方向性が間違っていない限りデザインを「見て納得・判断される」方なので、プレゼンの際、こちらから言葉で補足することもほぼありません。

――だいたい、ポスターが完成するまでにどのくらいの時間がかかるのでしょうか。

まず写真をいただいて、ラフデザインを一回目のプレゼンに出すまでに大体十日から二週間、時間をいただいています。

その中で、十案、二十案作っていって。そこから絞られて、最終案決定後レイアウトを微調整していきます。その後フィニッシュ作業が一週間ほどあるので、納品まで二か月ほどかかります。

――時間をかけて作られていくんですね。

そうですね。メインビジュアルは、とても大切なものなので、可能な限り時間をかけます。で、さらに、様々なチェックに出したりとかがあるので、ラフから印刷入稿までひと月半ほどかかりますね。

「スカーフェイス」のアル・パチーノ

――二作目の『アウトレイジ　ビヨンド』（二〇一二年）のポスターは、一転して賑やかな感じになっていますね。

最初は一作目と同じ方向のものを作っていったんです。でも、あまり前回と同じパターンだとニュアンスが一緒になってしまうというのもあったので。そこは逆に、がらっと変えたものというのを、クリエイティブから発注がありました。なので、一作目に沿ったものと、そこから方向転換させたものというかたちでプレゼンしました。

――今度、それが最後の三作目『アウトレイジ　最終章』（二〇一七年）になってくると、ビートたけしさん一人にフィーチャーしたデザインになりましたよね。

最終章に加え大友最期の作品なので。ティザービジュアルは大友が一人でマシンガンを持っているデザインにしました。

海外の北野監督の作品のビジュアルは、ほぼ北野さんのソロというパターンが多かったんですよね。それなら、ティザーなのでソロのパターンっていうのもありだろうと思いました。

――あれは試写会場で目にしまして、インパクトありました。いよいよ締めくくりなんだなという。

原題は「OUTRAGE CODA」です。Codaとは音楽の終結部を意味します。その記号が銃の照準のマークに似ているので、アレンジしてビジュアルに使用しています。

――銃の照準にマシンガン。今度はアクション映画らしい雰囲気になっています。

正面で撮影された大友のスチールをそのまま使用すると、どうしてもおとなしくなってしまいます。しかし、その画像に少し回転させるなど角度をつけることで人物に動きを出すことができます。頭や顔がトリミングされますがそれも狙いです。
あと、作業中、画像に回転をかけたことで『スカーフェイス』（一九八三年）のアル・パチーノのクライマックスシーンを連想しました。あのライフル銃を持って、肩をあげながら向かって来るシーンです。使用写真も最終章本編での激しい銃撃戦のスチールなのでニュアンスもリンクしました。

――三作目はガンアクションも重要なテーマでしたからね。

どの作品でも北野さんがマシンガンを持つポスタービジュアルはなかったので、そこはフィーチャーしたいなと思って。

約一万枚のポジフィルムから

――そもそも北野映画の宣伝にはどのような経緯で参加されたのでしょうか。

もともと映画とは異なるデザインの仕事をしていました。そこに、たまたまご縁があって。私が独立する前に勤めていた会社が、北野映画の印刷の仕事を受けていたんですけれ

『アウトレイジ　最終章』のティザー（左）と正式な本ポスター

ども、『BROTHER』（二〇〇〇年）からデザインを発注していただけることになり、私が担当することになりました。

――『BROTHER』も、ビートたけしさんを中心に三人が斜め気味に並ぶ、スタイリッシュなデザインでした。

あのビジュアルは約一万枚のスチールから選びました。あの時は写真もまだデジタルではないので、ポジフィルムを全部見ながら。

まず衣装がヨウジヤマモトさんでした。当時、Y's《ワイズ》の服も大好きだったので、アパレル寄りのポスターにしたらどうなるかなと思いました。そして、イメージに合った写真を見つけて、モノトーンに加工して、ヨウジヤマモトさんのショップに貼ってもらえるようなものを作ってみたらどうかという発想で、おしゃれでスタイリッシュな方向にしていきました。

——日本の映画ポスターは情報が多い印象がありますが、それに逆行するようなシンプルさが印象的でした。

特に、最初のティザーポスターは、イメージ優先ということで、思いきりました。素材をいただき、好きに料理させていただいた感じです。

しかし、一回目のラフデザイン時は作品のストーリーを追い過ぎてしまい情報過多の説明的なビジュアルをプレゼンしてしまいました。つまり自分の解釈のみでポスターを作ってしまったということです。

その後、プロデューサーからいろいろと意見をいただき、そこからはすぐに方向を転換することができました。

——基本的な宣伝戦略などに関して、製作側から指示があったりしましたか?

基本的には、それがあってのうえです。けれども、『BROTHER』に限らず、デザインに関しては、基本的に任せてくださったので、あまり細かなことは言われていませんね。

「これは画になる」写真をとにかく引っ張る

――デザインの勉強は、印刷会社にいらした頃からなさっていたのでしょうか？

就職する二年前にデザインの学校に通っていたんです。アドバタイジングコースを専攻していたので、平面構成の授業をメインに受けていました。

――そうした時代の蓄積もどこかに引き出しになっているのかもしれませんね。

そうですね。そういったアイデアは学生の頃にも日頃から考えていましたから。『BROTHER』のポスターに関しては、当時自分の課題で作ったものの応用が生きてるっていうのは感じました。

――『BROTHER』のポスターをつくられる段階では、作品は一度ご覧になってからアイデアを考えられたのでしょうか。

はい、試写で拝見してからですね。日本のやくざがロスに行って大暴れする作品という点を意識しました。それで、アメリカは文字の並びが横なので、横の写真を日本伝統の文字組みに従い縦に使うことにしたんです。
それから、あの写真がとにかく印象深かったので、何とかして使いたいなというのがありました。

――数多くのスチール写真からあの一枚を選ばれたわけですが、その選び方の基準をお聞かせください。

単純に、自分で「これは画になる」っていうのをとにかく引っ張っていきますね。最初は「いい」と思う写真をランダムに片っ端から選んで、そこからまた絞って絞ってという感じです。
現在はデジタルデータなので、画像はもう膨大な量があります。それこそ約一万枚とかあるので、写真を選ぶだけで数日かかってしまうことがあります。

――先にレイアウトを作られてから写真を入れていくのでしょうか？

まず、写真を選んでいきます。ただ、スチールを使うのではなくポスター用に撮影する場合は、イメージ、構図などこちらでディレクションし、その形に基づいて撮影していきますね。

「色」は出しても「アート」にはしない

――北野作品でいうと、『龍三と七人の子分たち』（二〇一五年）では、今度は親分役の藤竜也さんを真ん中にして、七人の子分たちがその両脇に並ぶ構図になっています。

あのビジュアルはポスター用に撮影しています。ただ、八人が並んでいて奥行きがある構図なので集合で撮ると、どうしてもピントのズレが出てきます。そこで、まず一人ずつ撮って、あとで切り抜きで合成していきました。

――タイトルのロゴもカラフルな感じでオシャレでした。

任俠ものなので、最初は毛筆の方向性をベースに作っていました。荒々しく書き殴ったタッチや、楷書で可読性を優先したものとかいろいろなバージョンも考えています。まず、毛筆ありきの思考だったので、様々なタッチを優先してバリエーションを試作していきました。

――ベースのアイデアの他に、そこから外れた感じのも数多く用意されているんですね。

任俠映画のイメージをベースにやっていたのですが、毛筆タッチ一方向だけだと、監督に選択の余地がなくなってしまうのも良くないと思い、毛筆から離れたものを用意していったんです。それで徐々に最終形に近づいていって、今あるロゴになるんですね。任侠映画っていうイメージもありましたが、作品自体、おじいちゃんたちのコミカルなかわいらしさっていうのもあったので。そういったテイストを入れたパターンも用意しました。すると監督がぱっとそれを見て「あ、これがいいな」となりました。

それから、どこでタイトルを入れるかというタイミングもラッシュを観ながら考えていましたね。

――これも作品のイメージづくりで大事なところではありますからね。

そうですね。あとは最初に出てくるクレジットもオリジナル書体です。その際の画面上のレイアウトも、背景の場面写真をもらってどこに配置するかの作業もこちらで考えています。

――北野監督の指示はそこにどう関わっているのでしょう。

ラッシュのあとに同じスタジオ内の会議室でタイトルデザインのプレゼンを北野監督にします。そこで、劇中のタイトルに関しては基本的に、監督が全部チェックをしてくださり、了解をいただいています。

——これも、何パターンも考えられるのでしょうか。

前段階で、プロデューサーの方からおおまかな方向性をうかがい作業を始めます。そこからバリエーションと、少し方向性とタッチを変えたものと。三十案以上提案していますね。

——その映画を観るかどうか、観客はポスターの印象で判断することも少なくありません。それだけに責任重大な役割だと思いますが、やはりさまざまなことを細かく考えてお仕事に臨まれていることがよく理解できました。

個人的な意見ですが、私はアーティストや作家の方々とは異なります。

ですから、私自身の主張が出た「アート作品」にならないように心がけています。あくまでも映画の宣伝物、そして広告だということを常に意識しています。「自分の色」は出しつつも、それ以上に素材を魅力的にそしてより効果的に活かしながら最終のイメージを作り上げていくということを大切にしています。

二〇二一年一〇月一日、都内にて

「カメ止め」ブームに火をつけた劇場支配人の興行戦略

池袋シネマ・ロサ劇場支配人

矢川亮

映画『カメラを止めるな！』

やがわ・りょう／池袋シネマ・ロサ支配人。劇場住所は東京都豊島区西池袋1-37-12ロサ会館。

映画『カメラを止めるな！』（上田慎一郎監督）はワークショップ発の自主映画でありながら、二〇一八年六月に公開されると大きな話題を呼び、やがて全国規模に公開は拡大されて大ヒットを遂げる。

そのヒットの口火を切ったのが新宿のK'sシネマと池袋シネマ・ロサだった。今回はシネマ・ロサ支配人の矢川亮氏に、その興行の裏側をうかがった。

指原莉乃が空気を変えた

――ロサさんで『カメラを止めるな！』を上映することになった経緯をお聞かせください。

もともと池袋シネマ・ロサでは自主映画の上映もやっていました。今、四十代半ばの人たち――例えば、入江悠監督や沖田修一監督の作品もうちで上映していました。その世代の監督作品は比較的かけていたのですが、そこからしばらくやらなくなったんです。

といいますのも、それまでは都内で自主映画を上映する劇場というのがうちしかなかったのが、他にも出てきた。そうなると、渋谷や新宿がエリア的に中心になり、依頼を受ける頻度が減っていったんです。それが二〇一六〜一七年頃です。

——池袋シネマ・ロサというと自主映画の聖地のイメージがありましたが、途絶えていた時期もあったんですね。

はい。その時はロードショー映画が中心でした。ところが、今度は池袋東口の興行環境が激変するのがわかってきたんです。東宝さんと佐々木興業さん（※シネマサンシャイン）が、大きなシネコンを作る、と。

そうなると全国ロードショー映画はやっぱり大手のシネコンさん中心になってしまう。それなら、最近はちょっと途絶えているけれども、以前のように自主制作のものに力を入れていこうか、という流れで再開しました。

——ちょうどそのタイミングだったんですね。

インディーズフィルム・ショウと名付けて「レーベル」っぽく始めました。その初期にいきなり『カメ止め』がぼーんと出てきちゃったという感じです。

——どのようにして、あの作品にたどり着いたのでしょう。

再開するにあたり、上映担当者にはその前年ぐらいから徐々に準備をしてもらっていました。『カメ止め』はＥＮＢＵゼミナールさんの作品ですが、ＥＮＢＵさんの特集上映は

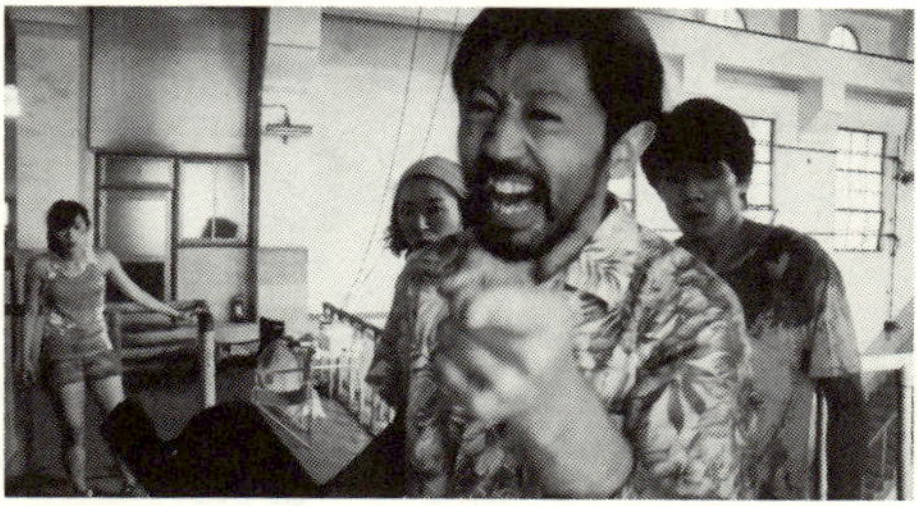

『カメラを止めるな！』劇中の1シーン
©ENBUゼミナール

2018年12月31日の年末上映後の舞台挨拶の様子

K'sシネマさんで毎年やってらっしゃるんです。その特集の時にうちの担当者が「ぜひ見に来てもらえませんか」って声をかけられて。

で、『カメ止め』はその最初の上映の六回とも満席にしているんです。上田監督やキャストがものすごく頑張って手売りしてたから。

それを見て担当者が即断で「これをもし単独で上映する機会があるんだったら、うちでやらせてもらえないか」とENBUの方に相談したわけです。K'sの人たちも「これはすごい。これで終わらせちゃったらもったいなすぎるから、単独上映をしよう」と。これをうちとほぼ同時に言ったらしいんです。もともとK'sさんの特集企画なので、K'sさんにも了解いただいて、二館でスタートすることになりました。

――K'sシネマもよく了承しましたよね。

K'sさんが「時間帯を分けて一緒に上映しましょう」と言ってくださったんです。普通だったら「いや、うちのネタだからさ」と言われてもおかしくないんです。そこを快く受け入れてくださった。K'sさんは日中の上映で、池袋シネマ・ロサはレイトでやることになりました。

――最初から当たる予感はありましたか？

二週間か三週間ぐらいだったら、そこそこ成立するんじゃないかなというぐらいの感覚だったと思います。私も観て、「すごいな」とは思いましたけど、やっぱりゾンビ映画ですから客層が限られるのかなと。

K'sさんは最初から毎回満席なんですよ。最初、K'sさんが昼間三回やって、もう満席、満席、満席。うちは初日は百人ぐらいで、二、三日目は五十人ほど。それでも、「昼間あれだけ入ったあとに夜になってもこれだけ来てくれるのはすごいね」っていう感じでした。

K'sさんの満席が土日を過ぎて、月曜日も火曜日も水曜日も、丸々一週間以上、全回満席。それがだんだん、やっぱり話題になって、「いつ行っても新宿では見られないけど、池袋はゆったりしてるみたい」ということで、徐々に増えて百人を超えるように。

最初に満席になったのはサービスデーの日、七月一日ですね。K'sさんは八十四席で、うちは百七十七席あるので、これぐらいドーンと来る作品だと反響も大きいんです。

満席が出ると「うわあ、池袋シネマ・ロサも人が入りだしてる。とにかく早く見に行かなきゃ」っていう機運が出てきたという感じです。

二館で上映していた時期が七月半ばまでいくので、およそ一か月ぐらいは、作品を観たいと思っても世界でK'sさんと当館だけという状態でした。K'sさんは相変わらずずっと満席で、うちもだんだん百人超え、百三十人超え、満席と、本当に加速度的に増えていきましたね。

——口コミで一気に評判が広がっていった感もありました。

K'sさんだと、近くに吉本さんのルミネがあるじゃないですか。芸人さんたちが比較的早い段階で見てくださってましたね。品川祐さんなどが感想コメントを出してくださり、それで吉本さんの中でも口コミが広がったわけです。

――たしかに、あそこは吉本の劇場が近いから、芸人さんたちが寄りやすいですもんね。

そうなんです。「とにかくこの『カメ止め』は面白い。すぐそこでやってるから、朝一でチケットを取るべし」という感じになってたみたいで。それでまず早い段階で吉本の芸人さんたちが見て面白がって、その後ツイッター（現X）で感想をつぶやいてくださっていました。

あと、ENBUさんとも振り返って思ったのは、指原莉乃さんがかなり早い段階で観てくださったのも大きかったです。「本当に元気でるから観に行って欲しい〜！内容とか調べずに」と。そこから、空気感としては、一気に広まったという感じがしました。

毎日キャストの誰かがいる

――『カメラを止めるな！』といえば、上田慎一郎監督やキャスト陣による熱心な宣伝活動も話題を呼びました。ロサはその宣伝拠点の一つといえます。

上田監督とキャストたちはツイッターの使い方が上手でした。自主興行であれだけツイッターを駆使したのは初のケースでしょうし、映画業界の宣伝で今はツイッターがメインになっているのも、あの影響はあるでしょうね。

——特にどの辺りに上手さを感じましたか。

一般のお客さん、著名人問わず、ツイートはいい感想も悪い感想も、全部「いいね！」とリツイートをみんなでバンバンやっていました。それをお客さん側が喜んで、さらに広めようとしてくれるわけです。リアルでもSNS上でも。

——監督やキャストにリアクションをもらえるのは、お客さんからすると嬉しいことですからね。

ツイッターの活用と同時に、映画を観終わったらそこに本人たちがいる、というのもありました。

僕が一番驚いたのは、上映後にイベントをやるということで、最初はENBUさんと相談して「何月何日の何時の回は監督とAさんとBさん」と普通にやってたんです。ところがある日、「もしかしたらみんな勝手に来ちゃうかもしれないので、それはできる限り対応してあげてください」って言われたんです。でも、こちらは「そんなにしょっちゅう来ないよね」という構えをしていたんです。K'sさんは昼間に三回続けてやってるから、どこか上映の合間に行けば一回か二回は立ち会えるけど、それが終わったあとにわざわざ——しかも満席の劇場だったら行き甲斐があるけど——まだ当館は「今日は五十人です」みたいな入りでしたから「K'sさんで一日やった後に、こっちまでは来ないでしょう」と高を括っていたんです。

ところが、本当に毎日キャストの誰かが来るんですよ。監督を筆頭に。そして上映後にロビーでお客さんにサインするんです。

イベントをやるとなったら、普通はスピーカーとかマイクとか用意するじゃないですか。でも、きちんとした告知をしていないので、我々は当初はその用意をしていないわけです。それでも監督やキャストが十人ぐらい来ちゃうんですよ。そして「マイクはなくていいから、挨拶させてほしい」と言う。

上映後はみんなでダダーって舞台前に出て「こんにちは、監督の上田です!」と。

あの本編のあの流れで、制作者たちが実際に出てくると、やっぱりお客さんもかなり感激されていましたね。それで「パンフレットにサインしますよ」となれば、みんな買ってくれるんです。こちらも売上になるので嬉しいのですが、監督やキャストが直接呼びかけてくれるのは、普通は考えにくいですよね。

連日の舞台挨拶がさらなる宣伝に

――上田監督やキャストたちによる熱心な宣伝活動に対し、劇場側はどう迎え入れましたか？

もうこれは徹頭徹尾付き合おうと、事前に何も言われてなくても、準備をしていました。最初は申し訳なかったんです。なにせ全く告知のないまま、毎日のように舞台挨拶が展開され始めたんです。毎日、一生懸命に来てくれているのに、初期の数日間はマイクもなしの地声で「ありがとうございました！」って言っていただいてたんです。だから、挨拶できるように『カメ止め』を上映する時はマイクから何からあらかじめ全部用意して、上映後に監督たちがすぐに飛び出てもいいようにフォローしてあげようと腹を括っていました。

この舞台挨拶がさらなる宣伝になるわけです。毎日舞台挨拶をしてるらしいと聞いて、どんどんお客さんが増えていきました。

お客さんもK'sの最終回を観終わった後、大急ぎで当館に来たり、キャストと一緒に新宿から池袋まで移動した人もいたようです。

だんだん動員が止まらなくなってきて、当館もレイトショーだけじゃなくて上映回数を増やさないと対応できないという状態が七月に入ってから始まりました。

レイトの前にもう一回『カメ止め』をかけるとなると、その入れ替え時間が必要になります。ロサの規模だと通常は十五分か二十分なんです。

でも、「いつ監督たちが来てイベントをやるかわからないから」ということで、入れ替え時間を五十分に決めたんです。彼らは舞台挨拶をやって、希望者にはパンフレットにサインをします。満席だと、二、三百人いたら全てさばくのに五十分近く必要になります。ですから、それに対応できるようなタイムテーブルを組みました。

変な話、その入れ替え時間を全部足して詰めていったら、『カメ止め』はもう一、二回上映できるんです。でも、絶対それはしないようにしようと。

とにかくお客さんが少なかろうが多かろうが、監督かキャストが来て「舞台挨拶をやらせてほしい」となった時に、「時間がないから駄目」と断わらないようにしようって決めて、ずっとそうしましたね。

――そうすると、観客としても「池袋シネマ・ロサでは今回もイベントがあるかもしれない」と絶えず認識することになりますしね。

そうなんです。でも、僕らも本当に来るのか、誰が来るのか、何も知らないんですよ。終わる五分ぐらい前に控室を見て、「あっ、今日はAさんとBさんなんだ」とか、そういう感じだったんです。

――事前の打ち合わせなどは一切ないんですね。

全然ないです。ですから、本当に最初は申し訳ないことをしました。うちは舞台があるのですが、監督たちが舞台にあがらないで照明もつけないまま挨拶してる画像とかも残っているんです。やっぱり、これはさせちゃいけないと思いました。監督にもキャストにも「うちはいつでもいいから、別に気兼ねなく来なさい」と。キャストが一人でも「舞台挨拶をやります」と言ったら、「どの回でもやっていいから気にしないで来て」というスタンスでやっていました。

ロングラン上映させる意味

――当初は二館のみで始まった『カメラを止めるな！』の上映でしたが、連日の満席を受けて全国のシネコンでも拡大上映されることになりました。

正直、シネコンさんが拡大した最初の一週間は、やっぱりガクーンってお客さんが減っちゃったんです。でも、拡大上映の時にマスコミが大きく扱ってくれたので、次の週ぐらいからバコーンと戻ってきて。だから、影響があったのは数日でしたね。一日に七、八回やって、そのうち、五、六回は満席になっていました。

ただ、こういう非常に特殊な興行になってしまったので、一部の地方のミニシアターの皆さんにはちょっと歯がゆい思いをさせてしまいました。本来であれば、ミニシアター冥利に尽きるような作品興行なんですよ。シネコンより後にやらざるを得ない環境になってしまった劇場さんがあったみたいなので、それは――僕らが言うことじゃないですけど――ちょっとかわいそうな思いをさせた劇場もあったんだなと思いました。一気に三百スクリーン以上いきましたから。

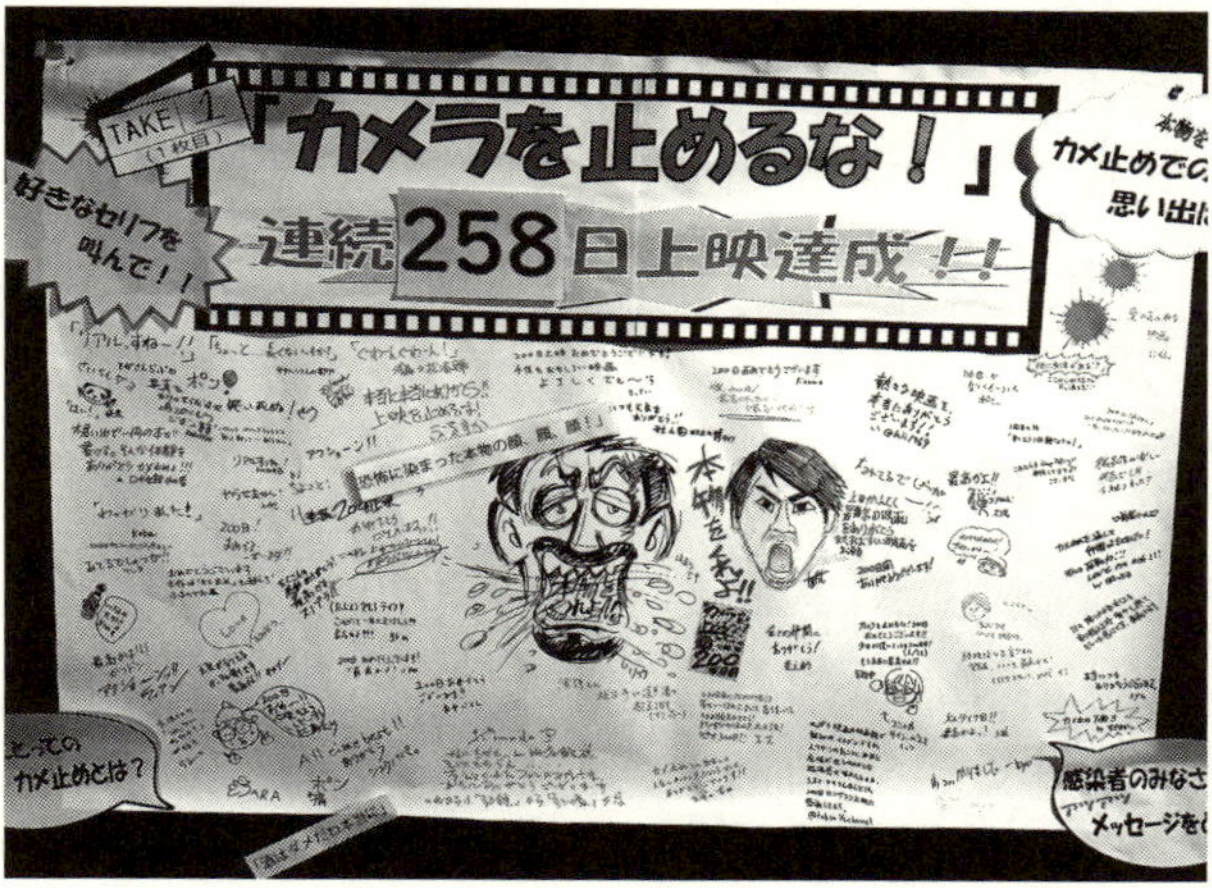

池袋シネマ・ロサでの最終上映記念の寄せ書き

――一方で池袋シネマ・ロサではかなりのロングランになりました。

とにかく終わりは決めずにやりました。シネコンさんだってずっと上映できるわけではないから、こちらはとにかくずっとやろうと。それで公開百日記念とか、二百日記念とか、年越しとか、定期的にイベントをしました。それでも、公開して百日目ぐらいまでは相変わらずスタッフ、キャストの誰かしらが舞台挨拶に来てましたね。

うちは比較的フレキシブルに対応しやすいんです。『カメ止め』に限らず、けっこうロングランしますから。「よそが終わったあともうちはやってるよ」みたいな感じのことが多いんですよね。

例えば『君の名は。』が一番長くて三百三十七日。『カメ止め』は二百五十八日。もともとそういう感じで「一日でも長くやろう」という気風があるんです。

――たしかに、忙しかったりして見逃した映画でも、「池袋シネマ・ロサなら、まだやっていてくれる」という信頼感があったりします。それは、劇場の方針としてあるんですか？

そうですね。全部が全部ではないにしても、ヒットした作品は、かけ続けていれば、「最後にもう一回見たいな」という人が調べて、「池袋シネマ・ロサって行ったことないけど行ってみるか」となる。そういうので来てもらって、こういう劇場もあるんだっていうふうに覚えてもらうきっかけになるかな、と思うんです。

自主制作映画を始めた理由

――私は池袋の近くで育ったのもあり、子どもの頃からロサさんにはよく行っていました。考えてみると当時は名画座的な作品も上映していた記憶があります。他にもアニメやハリ

ウッド映画。そして今はインディーズ映画も進んで上映するなど、本当にいろいろやってきましたよね。

本当にいろんな変遷がありました。僕が入る前には一時期は成人映画をかけていた時期もあるといいます。比較的長く映画ファンをされている方の記憶にあるのは、二本立て興行を二階と地下でやっていた時ではないでしょうか。それが結構長くて、おそらく一九八〇年代の末ぐらいから九〇年代の半ばまで。系統でいいますと、二階がシネマ・ロサ、地下がシネマ・セレサでした。

――シネマ・セレサ！　懐かしい響きです。

花の名前をモチーフにしていたんですよね。ロサはスペイン語でバラ、セレサは桜です。ロサはB級アクション映画、セレサはシネマスクエアとうきゅうさんとか初期のユーロスペースさんといったミニシアター華やかなりし頃のヨーロッパ映画やアメリカのインディーズものを上映していました。

――あ、たしかに、そういったミニシアターの作品を見逃したり再度観たかったりという作品をセレサで観る流れはあった気がします。

それが今度は思いきりロードショー館になったんですよね。といいますのも、九〇年代に入ってから東口の劇場さんも含めて、池袋エリアで閉館される劇場がぽつぽつと出てきたんです。たとえば明治通り沿いの日勝さんとか。

そうした中でヒューマックスさんが今のビルのその前の建て替えの時期が来まして。それで九二年くらい興行ができないことになりました。で、今もそうですがヒューマックスさんは東宝さんとご縁が深い。そうなりますと、東宝さんがご自身の系統の作品をその間はどこで上映するかということになり、当時の我々の経営側にご提案いただきまして。それで、ひとまずワンスクリーンをロードショーに切り替えました。『名探偵コナン』も数作、封切りでお引き受けしたこともあります。

——唐突にミニシアター的な映画からメジャー作品を上映することになり驚いたのですが、そういう背景があったのですね。

当時はウチも二本立て興行が厳しい状況だったんですよね。一方で『コナン』とかはめちゃくちゃ入りました。なおかつ、その状況を見た松竹さんからもお声がけいただいて、松竹さんのロードショー作品も九〇年代半ばからかけるようになったんです。その後、二系統とも松竹さんになるんですけど。

――ただ、それまでのミニシアター的なラインナップに馴染んでいた観客は困りますよね。私もそうだった記憶があります。

そうなんですよね。二本立てをやっていた時代のお客さんが、ロードショーになると全くいらっしゃらなくなりました。それで、当時のお客様にまた来てもらおうという企画も出てきて、当時の経営陣の好みもあったとは思うのですが、地下のセレサでやっていたヨーロッパやアジア系の特集をレイトショーでやろうと。それでフランソワ・トリュフォーやジャック・タチの映画をかけていったんです。

――九〇年代半ばの短期間だけでも、目まぐるしいですね。

それで、地下のレイトでやるタマがだんだんとなくなっていきまして。同時にお客さんも減っていきました。じゃあ、新しい何かをやろうということで、ビデオ・プロジェクターを購入したんです。今みたいにDCP（デジタルシネマパッケージ）と呼ばれる前の、VHSやミニDVという小さいテープ素材を再生デッキでかけて映写する機材です。ようするに、三五ミリのフィルム以外の素材をこの規模のスクリーンで投影できる機材を購入したということです。

――これも唐突ですね。

そう、当時の経営者がいきなり購入したんです。先々の目的もないままに。それで何か活用しようということになりまして。当時のスタッフの知り合いで、ビデオで映画を作っている人たちも出てきたので、見よう見まねでビデオ素材の作品を上映しようということで始めたのが、自主制作映画を上映する始まりでした。それが二〇〇〇年に入ってからですかね。ですから、自主映画を始めた理由は特集上映のテイストの作品にうまくお客さんを呼び込めなくなった時期に、たまたまビデオ・プロジェクターを買ったからなんです。

冨永昌敬監督から入江悠監督へ

――それが、いつしか自主映画の聖地に。

そうやってポツポツと自主制作映画を上映しているうちに、「え、こんなのをロサでできるの?」みたいなかたちで広がって、飛び込みで売り込んでこられる監督も出てきました。比較的早い段階で紹介し始めたのが、冨永昌敬監督です。冨永監督は水戸短編映像祭

劇場の廊下には、過去に上映したインディーズ映画のチラシが掲示されている

で賞をとったりしていたのですが、その作品にウチの元バイトがチョイ役で出ていまして。「こないだ賞をとった監督がいて、自分が手伝ったから上映してもらえませんか」という感じで始まったんです。実際に観てみたら作品も面白かったですし。それから、冨永監督が入江悠監督を連れてきたんですよね。「後輩で面白いのを撮っているから、ぜひ彼のも上映してほしい」という。今に至るまで、紹介で広がっていく感じはありますね。

――そうした自主映画の上映ならではの機動性といいますか、柔軟性といいますか、そこが『カメラを止めるな!』のヒットにも繋がった感はありますね。

自主映画の場合、監督自身に配給者になっていただくしかないんです。チラシも、ホームページも、それからDCPも本人たちで作ってもらってます。DCPの素材に変換しておくと、国内だけでなく海外にも出せますからね。

――それは監督たちも良い経験かもしれません。映画を作るだけでなく、売ることも知れば新たに見えてくるものもあるはずです。

そうなんですよね。商業ベースの世界に出てしまうと、チラシやポスターのデザインは絶対にやらせてもらえませんし、下手したらタイトルも自分で付けられませんから。ですから、自分の作品を自分のやり方で売り出せるというのは、自主映画の時期だけですからね。自分のやりたいようにやって、どう評価を得られるかというのは大事なことだと思います。

――自主だからこそ、ゲリラ戦で機動的に戦える強みがありますからね。そのハブ的な拠点としてロサの役割は大きいと思います。

監督同士にしても、演者同士にしても、一方でライバル的な存在だとは思います。でも、私たちとしては必ず「協力し合いなさい」ということは言っています。競争しろという表現はしません。

なぜかといいますと、自主制作映画時代から監督と演者って決まったメンバーで作りがちなんですよね。もちろん、それで作品を重ねて信頼度や完成度を高めるのもいいんですが。そこで何か行き詰まった時や、現場で急に人手が足りなくなった時に、固まった人たちだけでやっていたら動けなくなるじゃないですか。ですから、横で繋がれ、と。何か困った時に、互いに助け合えますから。

それで、ウチで映画を観た監督さんから「誰々のこの作品のこの人はいいな。紹介してください」と頼まれることもあります。そういうところにも、やりがいがありますね。

二〇二二年五月一三日、都内にて

本書は週刊ポスト連載「国民的ヒット作の名工」（二〇二二年一月二八日号～二〇二三年四月七・一四日号）に新規取材を加え、加筆・修正のうえ、新書化したものです。

春日太一［かすが・たいち］
1977年東京都生まれ。時代劇・映画史研究家。日本大学大学院博士後期課程修了。著書に『天才 勝新太郎』（文春新書）、『時代劇は死なず！ 完全版 京都太秦の「職人」たち』（河出文庫）、『あかんやつら 東映京都撮影所血風録』（文春文庫）、『役者は一日にしてならず』『すべての道は役者に通ず』（小学館）、『時代劇入門』（角川新書）、『日本の戦争映画』（文春新書）ほか。『鬼の筆 戦後最大の脚本家・橋本忍の栄光と挫折』（文藝春秋）にて、第55回大宅壮一ノンフィクション賞を受賞。

撮影：藤岡雅樹、小倉雄一郎、田中麻以
編集：澤田佳、竹井怜

ヒット映画の裏に職人あり！

二〇二四年 一〇月六日 初版第一刷発行

著者　春日太一
発行人　三井直也
発行所　株式会社小学館
〒一〇一－八〇〇一 東京都千代田区一ツ橋二ノ三ノ一
電話 編集：〇三－三二三〇－五九六〇
販売：〇三－五二八一－三五五五

印刷・製本　中央精版印刷株式会社
本文DTP　ためのり企画

Printed in Japan ISBN978-4-09-825478-1